Les femmes mal aimées

Mariela Michelena

Les femmes mal aimées

Des femmes prisonières de relation destructrices et sans avenir

Traduit de l'espagnol par Clémence Loonis

Petite Bibliothèque Payot

Retrouvez l'ensemble des parutions
des Éditions Payot & Rivages sur

www.payot-rivages.fr

Ce livre a précédemment paru dans la collection
« Désir/Payot » dirigée par J.-D. Nasio.

TITRE ORIGINAL :
Mujeres malqueridas
(La Esfera de los Libros, 2007)

À ma Beba.

À ma maman.

CHAPITRE PREMIER

Les femmes mal aimées

La femme a conquis, au cours du siècle dernier, de nombreux territoires d'une grande valeur. Le droit de vote, l'indépendance économique et la liberté de choisir comment, quand, où et avec qui elle aura ses enfants, sont des acquis indéniables. Cependant, au milieu des applaudissements suscités par tant de victoires, nous entendons s'élever, depuis un certain temps, les plaintes de femmes indépendantes et émancipées qui souffrent d'un « mal amour ». Il n'y a pas si longtemps encore, leurs lamentations pouvaient s'ajouter parfaitement à la liste interminable des mauvais traitements et mises à l'écart sociales dont la femme a été victime. Leur « mal amour » constituait une plainte de plus, mais pas exactement, car parmi tant de revendications fondamentales, une larme, une attente, un nœud dans la gorge ou une insomnie, semblaient des détails insignifiants. Si on tient compte des discriminations dont la femme a souffert durant des siècles, se demander si elle est heureuse en amour reviendrait à se préoccuper de l'état des ongles ou des dents d'un enfant travaillant dans une mine de charbon au pays de Galles.

Aujourd'hui, les voix des femmes qui souffrent d'amour se font davantage entendre, bien que d'autres problèmes plus graves soient déjà résolus. Leurs lamentations font fausse note dans un monde que nombre d'entre elles considèrent comme conquis. Nous connaissons tous plus d'une femme qui se plaint d'être mal aimée. L'écho de sa peine se fait entendre au travail, au gymnase, lors des repas entre amies et dans les séries télévisées. On dit que c'est un sujet féminin d'actualité. Bien entendu, je connais et je fréquente tous ces forums, mais dans ce livre, j'en parlerai en m'appuyant sur mon expérience de psychanalyste.

Les mal aimées

Quand nous parlerons de femmes mal aimées, nous parlerons de femmes qui souffrent d'un « mal amour », pas nécessairement de femmes battues mais de femmes prisonnières de relations impossibles, destructrices, qui pleurent un amour perdu ou sans avenir, même si elles passent toute leur vie accrochées à ces pleurs et à cette relation. Des femmes fidèles à des relations intermittentes, à des amours furtives, interdites, clandestines. Des femmes extraordinaires qui se transforment en petites filles malades si un homme ne les appelle pas. Des femmes enchaînées à un chagrin d'amour, condamnées à devenir la chaussure de n'importe quel pied, ou à s'écraser sous n'importe quelle botte. Des femmes soumises qui ne se lassent pas d'écouter le même refrain : « Je ne veux pas de relation sérieuse. » Des femmes soumises, dociles, apeurées, complaisantes. Des femmes fortes face aux difficultés de la vie, brillantes dans leur travail, prêtes à affronter tout défi, courageuses face à tout, mais incapables de se protéger de cet homme qui les aime mal. Des femmes disposées à attendre encore et toujours. Trompées, trahies, mal aimées…

Mais où commencent les mauvais traitements psychologiques de leurs compagnons et où se termine leur « mal amour », voilà une question difficile à trancher. Et quand je dis qu'ils les aiment mal, je ne me réfère pas au fait qu'ils ne les aiment pas, au contraire, il se peut qu'ils les aiment beaucoup ; mais en fait ils les aiment mal. Ils en aiment une autre, en elle, qui n'est pas elle, ils l'aiment de travers, d'une manière bizarre, tortueuse, et elle, elle se tord et se contorsionne pour trouver la forme exacte qui corresponde au caractère capricieux de ce « mal amour ». Parfois, l'homme aime celle qui règne dans son imagination et il prétend transformer celle qu'il aime en ce qu'elle n'est pas, et elle, elle transforme son être pour essayer de lui plaire. Il ne tient presque pas compte de la vraie femme, parfois il n'a même pas cherché à connaître ses goûts, ses inclinations, ses difficultés, et pourquoi donc le ferait-il ? Il suffit qu'elle soit toujours là pour lui. C'est un amour « d'une autre taille » qui ne va pratiquement à personne, un amour trop étroit de ceinture et trop large d'épaule ; pourtant, cette femme persiste à le porter, à le supporter malgré la souffrance qu'il lui cause. Une femme, embarquée dans un tel amour, doit ressentir la même sensation qu'une femme juchée sur des talons aiguilles, pointus, trop petits et trop serrés. Alors que tous ceux qui l'entourent la voient chanceler et tituber, elle, elle se croit très élégante et merveilleuse, incapable de voir qu'elle n'est qu'une femme qui souffre et qui se sent profondément malheureuse.

Ce que je soutiens, c'est que chez une femme mal aimée par une série d'hommes, il y a une femme qui s'aime mal elle-même. Et quand je dis qu'elle s'aime mal, je veux dire qu'elle s'aime d'un amour tergiversé. Ses mots veulent dire une chose mais ses actes révèlent qu'elle en veut une autre. Je ne dis pas qu'elle « ne s'aime pas suffisamment ». Il se peut même que, sans le savoir, elle s'aime elle-même excessivement et que dans le fond elle se sente si forte et si puissante qu'elle peut être capable de surpasser, par amour, toutes les difficultés que lui présente sa vie, même si elle y laisse la peau dans son acharnement. Quelqu'un qui a fait de mauvaises affaires n'est pas nécessairement quelqu'un qui n'a plus un sou, il peut avoir perdu son argent parce qu'il n'a pas bien calculé, à cause d'une affaire qui a mal tourné ou d'un mauvais investissement. Mais se retrouver sans argent, c'est une conséquence, et non une cause. Se retrouver sans amour-propre peut être la conséquence de l'avoir mal investi. Parfois, l'amour-propre a une inquiétante tendance à l'héroïsme, à s'orner lui-même d'une cape magique, qui pousse celle qui la porte à se sentir capable de réaliser des prouesses titanesques qui ne lui donneront ni succès, ni réputation mondiale, et ne lui serviront même pas à s'assurer une place au ciel. Elle n'obtiendra au contraire que fatigue, humiliation et souffrance.

Elles ont la parole

Mon expérience de psychanalyste m'a permis de rencontrer de nombreuses femmes mal aimées. Leurs histoires apparaissent dans ces pages suffisamment déguisées pour qu'elles-mêmes ne puissent pas se reconnaître. Elles m'ont toutes appris quelque chose. Toutes et chacune d'elles m'ont permis de découvrir une fascinante et singulière réponse. Avant toute chose, je les remercie toutes. Je m'approche de chacune de ces histoires comme si c'était la première et je ne peux m'empêcher de me demander : « Mais pourquoi ? » « Et pourquoi cette femme, si intelligente, si ingénieuse et ayant une bonne situation ne se rend-elle pas compte à quel point elle souffre ? » Et si elle le sait, pourquoi l'accepte-t-elle comme s'il n'y avait pas d'autre solution ? Et pourquoi souffre-t-elle autant pour la fin d'une histoire qui allait si mal ? Et pourquoi retourne-t-elle avec lui après tout ce qu'elle a enduré à ses côtés ? Et pourquoi lui manque-t-il tellement s'ils ne se supportaient pratiquement plus ? Et pourquoi attend-elle encore qu'il change, s'il est évident qu'il ne changera jamais ? Et pourquoi cet homme lui semble-t-il si extraordinaire s'il ne l'est pas vraiment ? Et pourquoi a-t-elle cherché un autre homme exactement pareil au précédent ?

Il se dégage de toutes ces questions une question essentielle : qu'est-ce qu'elle y gagne ? Quelle étrange et secrète transaction a-t-elle réalisée avec elle-même, avec cet homme, avec la vie, pour croire qu'une situation si douloureuse lui soit rentable ? Comment expliquer qu'elle se résiste autant à abandonner cette position qui apparemment est si peu confortable ? Essayer de répondre à ces questions, voilà le sujet de ce livre. Il parcourra ces pages, tel un fil rouge, et va le différencier ainsi des autres livres.

« Qu'est-ce que j'ai fait pour mériter ça ? »

Dans mon cabinet, je ne suis pas la seule à me poser des questions. La patiente qui vient suivre une psychanalyse cherche aussi des réponses. Lorsque quelqu'un, n'importe qui, homme ou femme, souffre et égrène sa litanie de plaintes devant quelqu'un d'autre, même s'il ne prononce pas les mots, il y a, à la fin, quelque chose en lui, en elle, qui proteste : « Qu'est-ce que j'ai fait pour mériter ça ? » Généralement, je répète, même s'il ne prononce pas les mots, le ton de sa voix fait davantage penser à une plainte qu'à une question et il ne semble pas qu'il attende une réponse mais un réconfort. Normalement, ce qu'il espère entendre de son interlocuteur, c'est plutôt ça :

« Ce n'est pas de ta faute, c'est une injustice, tu es génial(e), bien sûr que tu ne mérites pas ça. Les circonstances sont dures et le "méchant", c'est l'autre. »

Évidemment, il y a des souffrances que personne ne mérite. Personne ne mérite d'être mal aimé et encore moins maltraité. Mais quand un patient formule cette plainte dans le cabinet d'un psychanalyste, celui-ci prend au sérieux sa question, au sens littéral, et se met au travail pour l'aider à comprendre. *Qu'est-ce qu'il a fait, lui, pour mériter ça ?* Les questions du patient et celles du psychanalyste commencent à se nouer et ils entament alors ensemble un chemin à la recherche des réponses. Au cours du traitement et avec l'aide du psychanalyste, le patient finit par se répondre en s'impliquant dans sa propre question.

« Eh bien, oui, il se peut que j'aie fait quelque chose pour contribuer à la situation pénible que je vis… »

Dans le cas des femmes qui souffrent par amour, les réponses à ces questions sont normalement multiples. Nous pourrions commencer par répondre à la femme mal aimée qui se pose la question : « qu'est-ce que j'ai fait ? », en lui disant que la première chose qu'elle ait faite, c'est d'être une femme. Et ensuite, nous chercherions, dans chaque cas particulier, pour comprendre comment elle évolue, à sa façon, à l'intérieur du territoire de sa féminité, une évolution qui sera déterminée par son histoire infantile, par sa famille, une mère, un père, une place parmi ses frères et sœurs, un caractère et une façon d'être.

Même si l'on trouve des traits communs chez les femmes mal aimées, il n'y a pas une cause unique qui explique tous les cas. Il faut plutôt penser à une dialectique constante entre le cas général et le cas particulier, entre ce qui touche toutes les femmes, en tant que genre, cet extrême grossier de la généralisation, de l'« éternel féminin » et ce qui est strictement particulier et personnel, qui concerne l'histoire de chaque femme.

Écrire ce livre n'aurait pas vraiment de sens si nous généralisions parce que les femmes, toutes sans exception, nous serions vouées, condamnées, à être des femmes mal aimées. Si, au contraire, seule l'histoire personnelle avait du poids, nous nous verrions contraints d'abandonner notre tâche, puisque nous n'aurions rien à apporter avec un seul livre. En effet, nous devrions écrire un livre pour chaque lectrice, un livre qui rendrait compte de sa propre biographie. Ainsi, tout au long de ces pages, nous passerons en permanence du général au particulier et vice versa.

Les caractéristiques du « féminin » qui contribuent à ce qu'une femme accepte de représenter dans sa vie le rôle de mal aimée sont nombreuses. Cependant, dans ce livre, nous verrons que certaines d'entre elles sont plus importantes que d'autres.

L'histoire infantile de chacune et son influence dans la vie adulte feront que ces caractéristiques féminines seront modelées de façon singulière chez chaque femme. Cette histoire infantile va engendrer une sorte d'« agenda caché », un plan secret qui échappe à la logique formelle et à la conscience. Il s'agit d'un guide silencieux qu'on suit au pied de la lettre et à tâtons. Un guide qui n'arrive pas toujours à l'usager par le meilleur chemin, et encore moins par le chemin le plus dégagé ni par le plus simple. Au contraire, il l'amène à répéter sans cesse des situations douloureuses sans savoir comment, ni quand, ni pourquoi. Il s'agit du guide secret des nœuds de l'inconscient qui fréquemment nous domine et nous trahit.

Les hommes et les femmes

En cherchant des analogies qui nous permettraient de cerner toute la complexité du mystère du féminin et du masculin, j'ai pensé à *Hamlet*. La tragédie de Shakespeare présente deux personnages qui incarnent, chacun dans sa propre tragédie, l'extrême de la position féminine et l'extrême de la position masculine et où peuvent conduire ces extrêmes. Je me réfère au couple brisé d'Hamlet et Ophélie.

Hamlet et Ophélie sont follement amoureux l'un de l'autre. Tout va bien jusqu'à ce que le Roi, le père d'Hamlet, meure dans d'étranges circonstances et lui, en tant que fils unique, se doit de venger sa mort. À partir de là, il doit devenir le digne vengeur de son père. Le reste du monde ne l'intéresse plus, pas même Ophélie. Seule l'obsession de la vengeance le mobilise ainsi que le doute : sera-t-il ou non capable d'être à la hauteur et d'accomplir ce que son père attend de lui ? Tout au long de la tragédie, harcelé par l'indécision, Hamlet se pose beaucoup de questions dont l'une le caractérise plus que les autres : « Être ou ne pas être ? » Sa question me semble typiquement masculine ; ceci peut ressembler à peu près à : « Suis-je suffisamment homme pour réaliser le désir de mon père ? », « Comment devrais-je le démontrer ? ». Sa question incarne la préoccupation masculine, l'homme se mortifie pour « être », pour ressembler à ce qu'il est supposé devoir être : un homme. Pour la position masculine, il est important de démontrer activement que lui, il « a » ce qu'il faut avoir et il passe la plupart de son temps à faire valoir ses attributs. Il « doit être » le plus courageux, le plus puissant, le plus intelligent, le plus conquérant. Enfin, il doit toujours être le premier d'une liste, d'une compétition à laquelle dans sa tête il se livre continuellement avec un autre homme. D'ailleurs, dans la tragédie de Shakespeare, Hamlet est disposé à tuer – et tue – pour « être » un homme, digne fils de son père, pour défendre sa place dans le monde.

Mais, qu'est-ce qu'il se passe chez les femmes ? Qu'arrive-t-il à Ophélie alors qu'Hamlet est obsédé par la vengeance, occupé à élucider s'il « est ou n'est pas », à chercher à savoir ce qu'il faudrait qu'il fasse pour « être » un homme comme son père ; Ophélie, complètement étrangère aux luttes de pouvoir, sait seulement qu'elle est toujours amoureuse d'Hamlet et que lui, il l'ignore. Incapable de prendre la moindre initiative, elle ne peut que rêver à son amour. C'est ainsi qu'Ophélie passe ses heures perdues à se poser la même question. Ophélie devient folle d'amour et s'adonne sans modération à sa folie. Elle a perdu la raison parce qu'Hamlet ne l'aime pas. Entourée de fleurs, elle occupe les derniers jours de sa vie à effeuiller des marguerites et à leur demander « m'aime-t-il ? » ou « ne m'aime-t-il pas ? ». Ophélie est prête à mourir – et elle meurt –, elle se suicide par amour. Ophélie incarne jusqu'à l'extrême la passivité féminine.

La plainte d'Ophélie est celle que l'on entend le plus souvent de la bouche des femmes, qui, tôt ou tard, se demanderont : « M'aime-t-il ? », « Ne m'aime-t-il pas ? », « M'aime-t-il beaucoup ? », « Comment m'aime-t-il ? », « M'aimera-t-il toujours ? », « Que dois-je faire pour qu'il m'aime davantage ? ».

Ces questions : « M'aime-t-il ? », « Ne m'aime-t-il pas ? », ne sont pas la meilleure manière d'écarter les doutes sur une relation en piteux état. Il ne suffit pas que la réponse soit : « Oui, il m'aime ! » Les maltraiteurs aussi aiment énormément leurs victimes ; ils les aiment tant, qu'ils ne supportent pas de ne pas être avec elles et de les voir vivre loin de leur contrôle... Ils les aiment, oui, mais ils les aiment mal, ils les aiment d'un amour monstrueux, d'un amour malade. Ils les aiment tellement qu'ils préfèrent, par exemple, les voir mortes plutôt que de les voir dans les bras d'un autre homme. Ainsi, les questions « M'aime-t-il ? », « Ne m'aime-t-il pas ? » vont supposer des réponses trompeuses. Pour commencer, la réponse appartient à l'autre et il est toujours préférable de proposer des questions auxquelles chacun peut répondre, par exemple : « une telle relation, me convient-elle ou ne me convient-elle pas ? », « Est-ce ainsi que je veux vivre ? », « Suis-je disposée à lui pardonner une autre infidélité ? », « Combien d'années de plus puis-je attendre avant qu'il se décide ? », « Est-ce que je dois croire en ses mots ou en ses actes, en ses promesses ou croire les faits ? ».

Seulement les femmes ?

Pour nous mettre d'accord, nous allons parler de « femmes mal aimées » parce qu'elles sont en majorité, mais évidemment il y a aussi des « hommes mal aimés ». Mis à part la Barbie, je ne connais aucune autre femme qui soit à cent pour cent femme, ni aucun homme, mis à part Rambo, qui soit à cent pour cent homme (et je dis Rambo parce qu'il me semble que même Ken, le compagnon de la Barbie, n'ait pas une identité sexuelle très définie). L'être humain se distingue, entre autres, par sa disposition à la bisexualité.

Face à chaque personne, au lieu d'« hommes » ou de « femmes » à l'état pur, il faudrait parler de position masculine ou de position féminine, en identifiant « féminin » avec passivité et « masculin » avec activité. Pour expliquer dans quel sens j'identifie féminin / masculin avec passivité / activité, je vais recourir à l'expression biologique la plus élémentaire : la fécondation. Du point de vue le plus descriptif, tout en prenant le risque d'être considérés politiquement incorrects, nous pouvons affirmer que l'ovule attend (passivement) l'arrivée du spermatozoïde, alors que le spermatozoïde doit chercher (activement) la rencontre avec l'ovule. Ainsi se forge l'histoire d'amour entre l'ovule et le spermatozoïde.

Que se passe-t-il quand cette expression biologique élémentaire devient plus complexe puisqu'il s'agit d'êtres humains ? Il existe alors un éventail très varié, dans lequel le féminin et le masculin, la passivité et l'activité, se mélangent dans différentes proportions, ce qui donne comme résultat une très ample gamme d'attitudes humaines qui passent des extrêmes les plus caricaturaux de l'homosexualité, dans laquelle on suppose, par exemple, qu'un homme se place nettement dans une position féminine ou une femme dans une position indiscutablement masculine ; à la soi-disant hétérosexualité sans tache représentée par les icônes du « macho ibérique » et de la « femme objet » en passant par la professionnelle agressive qui commande, vêtue de son impeccable tailleur, ou le métrosexuel qui se fait beau, s'épile et utilise davantage le séchoir à cheveux que sa femme et dépense autant ou plus d'argent qu'elle en produits de beauté.

Maintenant que j'ai expliqué que je pars d'un dégradé masculin-féminin de combinaisons infinies, je tiens à souligner qu'en position féminine passive, il y a une plus grande disposition à souffrir par amour qu'en position masculine active.

Pour Simone de Beauvoir, la manière d'aimer que l'on considère « typiquement féminine » est la conséquence inévitable de la situation de désavantage social dans laquelle se trouve la femme, une situation de dépendance qui l'empêche de se situer dans la vie comme sujet et d'être l'actrice principale de son histoire. Selon elle, la femme, condamnée à dépendre d'un homme, n'aurait pas d'autre alternative que de transformer cet homme en un dieu et, à partir de là, transformer sa condition d'esclave en vertu, et l'amour en sa seule raison d'être. Ce qui est curieux, c'est que la femme ne se rebelle pas contre cette situation, bien au contraire, la femme soumise se sent fière de son attitude d'esclave et ressent sa situation de servante comme un honneur. C'est ainsi que pour la femme, l'amour, plus qu'une forme d'expression affective, se constitue en religion.

Personnellement, je partage l'opinion de Simone de Beauvoir en ce qui concerne cette majorité de femmes qui vivaient ainsi il n'y a pas si longtemps. Mais cette approche me semble insuffisante pour expliquer la situation d'un grand nombre de femmes qui souffrent actuellement par amour. Aujourd'hui, il y a de plus en plus de femmes qui comptent sur un salaire stable, qui sont seules à tenir les rênes professionnelles de leur vie. Nous connaissons tous au moins une femme qui a fait sa place au soleil sans devoir dépendre d'un homme. Nous savons que, malgré la persistance des différences pour des raisons de sexe, il y a chaque fois plus de femmes qui atteignent des postes de haute responsabilité en politique, en affaires, dans le monde de la culture, etc. Simone de Beauvoir serait fière d'elles parce qu'elles nous démontrent que sa lutte et ses mots, inspirateurs du féminisme le plus fécond, n'ont pas été vains.

Malgré toutes ces réussites, Simone de Beauvoir elle-même serait surprise de voir à quel point les cabinets psychologiques regorgent de femmes autonomes, émancipées, indépendantes qui, lorsque personne ne les voit, pleurent inconsolables les blessures que laisse un amour malheureux, comme le faisaient celles qui les ont précédées. Ces femmes brillantes, reconnues, qui n'ont pratiquement plus rien à démontrer du point de vue professionnel, continuent à imiter Ophélie et, en cachette, effeuillent la marguerite fanée du « il m'aime, un peu, beaucoup, passionnément, à la folie, pas du tout… ».

La subordination économique et sociale de la femme à l'homme ne suffit pas à expliquer cette manière féminine d'aimer. Nous devons chercher l'explication ailleurs. Dans ce cas, « la vérité est non seulement à l'extérieur », dans la société, mais aussi « ici à l'intérieur » dans la condition féminine même. C'est ce que nous verrons dans le prochain chapitre.

Le cycle de la répétition

Me poser les mêmes questions tout au long de tant d'années m'a amené à croire que l'on peut peut-être y répondre. L'amour est un animal bizarre et capricieux qui navigue sans boussole et ses raisons échappent à toute logique consciente. L'amour est un animal qui s'alimente de certitudes absurdes et de fausses vérités. L'expérience thérapeutique de ce genre de cas m'a permis de distinguer un modèle qui se répète.

La répétition est une marque d'identité de la conduite humaine. Nous avons l'habitude de répéter aveuglément de la conduite la plus sublime à la conduite la plus imprésentable. Je veux qu'à travers ce livre, vous parcourriez avec moi une sorte de cycle qui se répète et qui commence par tant d'illusions et d'attentes, qui, sans qu'on sache vraiment pourquoi, sombrent chaque fois dans l'échec d'un amour malheureux.

Après nous être approchés de cette disposition typiquement féminine à l'amour inconditionnel et au sacrifice, nous continuerons en parlant du choix du partenaire. Ce choix n'est jamais le fruit du hasard. Je me référerai à ces cas où s'établit un type de relation, dans lequel la femme transforme son homme en un dieu et elle-même devient son esclave et son maître. Nous réviserons ce que j'ai appelé les « péchés capitaux » d'une relation ; certaines de ces situations, attitudes ou vices inévitables mais qui, en excès, deviennent des péchés qui amènent la femme à se retrouver prisonnières de relations destructrices et sans avenir.

Nous parcourrons plusieurs éléments typiques de ce genre de relations : l'infidélité, l'Autre femme, la jalousie. Nous verrons aussi les recours qu'utilise une femme prisonnière de ce type de relations ; dans le meilleur des cas, elle commence à chercher de l'aide et de la compagnie. Elle se tourne vers ses amies qui deviennent des piliers fermes qui la soutiennent ; en plus, elle cherche conseil, avec le même intérêt, dans un livre de développement personnel, dans l'horoscope ou dans les cartes du tarot et finalement, quand rien de tout cela n'a fonctionné et que la souffrance persiste, elle va voir un thérapeute pour demander une aide psychologique.

Nous verrons que chacune de ces « bouées de sauvetage » a une fonction différente, avec ses particularités et qu'aucune d'elles ne se substitue aux autres.

La majorité de ces amours impossibles ne sont heureusement pas éternelles et celui qui hier était un dieu installé sur le piédestal tombe, irrémédiablement, un beau matin et presque sans explication. Un jour, le voile qui ne lui permettait pas de voir les choses clairement glisse et l'idole se présente dans toute son humanité. Et cela arrivera quand elle sera disposée au fond d'elle-même à se détacher de lui, même s'ils sont séparés depuis longtemps.

Une fois l'idole tombée du piédestal, le processus de reconstruction de la femme commence et elle devra alors traverser un deuil inévitable. Nous verrons que les stratégies qu'une femme peut utiliser pour éviter ce deuil sont nombreuses et variées ; pourtant sans ce travail de deuil, aucune histoire ne peut s'achever. Dans le pire des cas, une femme convalescente d'un amour malheureux, qui ne connaît pas les véritables raisons qui l'ont maintenue prisonnière de cette relation, se prépare – sans le savoir – à se réengager dans une autre relation tout aussi pernicieuse pour elle que la précédente et où elle répétera le même cycle. C'est seulement quand la femme a pu déterminer quel rôle elle a joué elle-même dans sa souffrance, dans sa malheureuse histoire, qu'elle pourra alors restituer sa propre identité, sa valeur et sa raison d'être, au-delà de la relation qu'elle maintiendra avec un homme. C'est seulement là qu'elle sera capable d'établir un type de relation avec elle-même et avec les autres, d'une manière moins destructrice et plus productive. Si elle y parvient, elle aura enrayé la roue de la répétition et sa prochaine histoire d'amour, sa propre histoire, sera différente.

N'attendez pas un GPS

Dans ce livre, vous ne trouverez pas de recettes infaillibles. Je suis désolée, elles n'existent pas, sauf si quelqu'un est disposé à se guérir de sa propre humanité ou à se vacciner contre les passions. Vous trouverez des descriptions, des explications qui répondent à d'autres « pourquoi ? ». Des éclaircissements qui accompagnent, qui tranquillisent, qui vous permettront de vous comprendre et de mieux vous connaître. Dans ce livre, vous trouverez une sorte de cartographie émotionnelle qui indique quels sont les fleuves, quelles sont les montagnes. Attention par ici, il y a des précipices et ici, c'est une route régionale et non pas une autoroute. Des panneaux qui annoncent des signaux d'alarmes, des zones délimitées par des drapeaux rouges qui avertissent : « Interdit de stationner ». Il sera indiqué que de ce côté se trouve l'immensité de l'océan et à l'autre extrême une limite infranchissable. Mais il s'agit d'une simple carte, sans GPS. Vous n'aurez pas d'indications du type « maintenant tournez à droite et au prochain feu à gauche et à la fin du trajet vous arriverez à destination : le bonheur ! ». Dans ce livre, je propose seulement une carte. La boussole et la décision du chemin à suivre sont dans les mains de chacun.

CHAPITRE II

Amour de mère

> « Ce que comprend la femme par amour… n'est pas seulement abnégation, c'est un don total du corps et de l'âme, sans restrictions… Cette absence de conditions est ce qui transforme son amour en foi, la seule qu'elle ait. »
>
> Friedrich Nietzsche

La manière exagérée d'aimer de certaines femmes a fait couler beaucoup d'encre. Nombreuses sont les raisons qui expliquent pourquoi une femme est disposée à aimer de cette façon.

Dans ce chapitre, nous allons nous centrer sur un des traits universels qui expliquerait pourquoi une femme a cette curieuse disposition au sacrifice et au dévouement et comment cette inclination est directement liée à la maternité.

Du point de vue de la logique évolutive, la femme est faite pour la meilleure chose qui soit : assurer la survie de l'espèce. Elle est surdouée pour devenir un organe de reproduction. Quelqu'un doit s'occuper des petits, quelqu'un doit remettre à plus tard ses propres besoins pour ceux du bébé et ce rôle est normalement tenu par la femme. Ces caractéristiques ont des implications extraordinaires dans l'histoire de l'humanité. Et cependant, en poussant à l'extrême, nous verrons que ça peut avoir des implications pathologiques pour la femme elle-même quand elle exerce cette qualité hors du contexte évolutif et maternel pour lequel elle est prévue. Un homme n'est pas comme un enfant même si beaucoup d'hommes s'obstinent à réclamer cette équivalence.

Pourquoi sommes-nous capables d'aimer ainsi ?

Noémie, une patiente ex-mal aimée, disait pendant une séance :

> Dans ma vie, beaucoup de choses m'intéressent et je pourrais m'y consacrer entièrement sans aucun effort parce ce sont des activités qui me plaisent. Mon travail au laboratoire me passionne, la photographie, mes cours de cuisine, mes amies. En vérité, je ne manque pas d'activités intéressantes mais dès que « L'Homme » apparaît, c'est comme si tout passait à un second plan. L'Homme passe avant tout, même avant moi. Après, je ne supporte plus la situation, évidemment. Mais je suis comme ça, ma vie tourne autour d'une personne et je la place au centre de tout. Peut-être s'agit-il du désir de former un couple pour fonder une famille et avoir des enfants. Pour moi, c'est très important d'avoir des enfants et ça m'angoisse de penser que peut-être je n'y arriverai pas.

La vie de Noémie est riche et intéressante ; elle aime toutes sortes de choses très différentes et elle sait en jouir avec enthousiasme. Elle est très appréciée par son entourage. En principe, elle n'a pas besoin d'un homme en particulier ni économiquement ni pour s'amuser. Pourtant, quand cet homme apparaît dans sa vie, Noémie s'efface pour lui céder toute la place, et s'il s'en va, elle se retrouve vide. Pendant cette séance, Noémie proposait une explication à toutes les concessions qu'elle faisait. Il lui semblait qu'elle vivait les choses de cette façon, à cause de son désir d'avoir des enfants. Je pense qu'elle avait un peu raison.

Je le comprends de cette manière : de nombreuses femmes se donnent à un « mal amour » non seulement « pour » pouvoir avoir des enfants, mais aussi « parce qu'elles » sont capables et disposées à en avoir et à s'occuper d'eux. Je m'explique : Noémie parle d'un dévouement total dans lequel tout ce qui l'intéresse et elle-même, passent au second plan. Le seul état vital que je connaisse, où un tel don de soi, d'un être humain à un autre, soit nécessaire, est l'état vital de la mère durant la grossesse et les premiers mois de vie du bébé, il n'y a pas de plus grand don de soi que de partager son propre corps. Durant les premières semaines de la vie du bébé, on ne peut que prolonger la situation de don inconditionnel qui existait durant la gestation. Le nourrisson est complètement sans défense et sa dépendance est absolue. Pour assurer la survie d'un être aussi fragile, le don doit être de la même magnitude ; il doit être extrême. Il faut que la mère s'oublie elle-même et oublie ses propres besoins durant un certain temps.

Dans mon livre *Un an pour toute la vie,* consacré à la première année de vie de l'enfant, j'ai comparé le dévouement maternel à une relation amoureuse. Je disais alors que la maman en arrive à tomber follement amoureuse de son bébé, à s'oublier elle-même et à oublier ses propres besoins, pour s'occuper de lui inconditionnellement. Il s'agit de cette capacité que Winnicott (pédiatre et psychanalyste anglais) a appelée « préoccupation maternelle primaire ». Si son bébé pleure, la mère oublie de manger et peu importe si elle passe une nuit blanche et que le bébé se salit, crie et se resalit. Elle le regarde captivée, il gémit, il ne s'endort toujours pas, elle le regarde encore, il sourit et… aucun doute, c'est bien l'être le plus merveilleux de la terre !

Aujourd'hui, j'utilise la « préoccupation maternelle primaire » pour expliquer l'amour. Si j'ai dit alors que la « maman d'un nouveau-né se comporte comme une femme amoureuse », aujourd'hui je dirai qu'« une femme amoureuse se comporte comme si elle était la maman d'un nouveau-né ».

Il y a des femmes, trop de femmes, disposées à exercer le dévouement inconditionnel qu'elles réservent normalement à un bébé au premier vaurien qui passe devant leur porte. Personne, sauf le bébé, a besoin d'un don aussi extrême. Un homme qui téléphone n'est pas un bébé qui pleure parce qu'il a faim. Et, cependant, beaucoup de femmes sont incapables de laisser passer un appel téléphonique et elles répondent avec la même sollicitude qu'elles répondraient au bébé qui réclame sa tétée.

« Le meilleur bifteck pour mon fils », « moi, je peux attendre », « le pauvre, il est encore tout petit », « moi, pour mes enfants, je suis capable de n'importe quoi »… sont des phrases que nous écoutons constamment sans surprise. La mère est toujours là. D'une certaine façon, c'est ce qu'on attend d'une mère plus ou moins normale. Indépendamment de l'exigence radicale du nouveau-né, la maternité prédispose la femme à passer au second plan. Je ne dis pas qu'elle soit instinctivement obligée de le faire, je dis qu'elle est prédisposée.

Le père, par contre, n'est pas aussi proche des

enfants, particulièrement pendant leur première année. Je ne dis pas qu'il ne s'occupe pas d'eux ou qu'il n'ait pas à le faire, je dis que sa préoccupation est radicalement différente de celle de la mère. En général, les hommes sont moins disposés que les femmes à passer au second plan au profit de leur enfant. On les voit même fréquemment rivaliser avec le petit pour réclamer la tendresse et l'attention de la mère. J'écoute déjà les voix de ceux qui protesteront en disant qu'ils connaissent un père qui est une véritable maman. Je le sais, moi aussi je les connais. Je parle de la majorité. Rappelons-nous la position masculine et féminine. Un homme capable d'assumer dans des circonstances déterminées une position féminine peut être beaucoup plus disposé et préparé à l'oubli de soi en faveur de son enfant.

Un homme n'est pas un bébé

Il est vrai que fréquemment je reçois dans mon cabinet des femmes empêtrées dans des relations destructrices et sans avenir qui ont transformé leur amant, leur compagnon, leur mari en « bébé » et à qui elles exigent qu'il dépende d'elles afin de leur permette de démontrer leur capacité démesurée d'abnégation et de sacrifice. Une fois ce pacte secret accepté, elles sacrifient tout pour lui, lui rendent tribut comme à un roi et l'adorent comme un dieu.

Tout comme le racontait Noémie pendant sa séance, lorsque « le bébé » apparaît sur scène, les horaires sont marqués par son rythme. Sa propre respiration lui appartient, et l'Homme décidera si cette femme va respirer ou si elle va étouffer de douleur. Une espèce d'indifférence presque physique se produit ainsi qu'une inconditionnalité irrationnelle. Cependant, ce dévouement a une contrepartie. En échange, cette femme dévouée reçoit un trophée : se sentir indispensable. L'Autre, l'enfant, l'homme, a besoin de quelque chose, et elle, dans son imagination, est la seule à l'avoir et à pouvoir le lui donner. Si elle possède ce dont il a besoin, elle est tout.

Dans ce type de relation, il n'y a pas de place pour le pardon parce qu'il n'y a pas d'offense possible. Quand il s'agit de la mère d'un nouveau-né, la femme doit être préparée à être mal traitée, préparée à l'indifférence, aux pleurs inexplicables, aux couches sales à n'importe quelle heure du jour ou de la nuit, à son ingratitude et à son arrogance. Elle ne se sent nullement mal traitée, parce que c'est « son bébé », et ceci le transforme en un dieu adorable. Il s'endormira et ce n'est qu'une fois endormi qu'il la laissera se reposer. Il sourira et un seul de ses sourires effacera toute offense.

Le problème survient quand on fait exactement la même chose avec un homme majeur et vacciné. C'est cette attitude qui la transforme en femme mal aimée : supporter ses coups de gueule, son indifférence, ses trahisons et ses accès de colère avec un stoïcisme maternel. Quand un seul sourire suffira, un seul moment de répit, pour qu'elle se précipite vers lui et lui pardonne en le couvrant de baisers, on pourra dire qu'elle est devenue une mal aimée. Elle sera devenue une mal aimée quand un de ses appels suffira pour la guérir d'un affront, d'une insulte, d'une trahison, d'un abandon. Elle sera de nouveau là, disposée à tout, transformée en parfaite mal aimée et en plus enchantée d'avoir récupéré sa place auprès de cet être qui la fait se sentir si importante. Ce type de dévouement sans restrictions, on le connaît sous le nom d'« amour inconditionnel ».

Que signifie « amour inconditionnel » ?

Parfois, lorsqu'on utilise trop les mots, ils finissent par s'user, ils perdent leur force et leur sens se dilue. Je vais donc m'arrêter un peu sur cette expression qui s'utilise si fréquemment et qui se vit parfois avec une certaine légèreté, sans qu'on ait trop conscience de l'horreur qu'elle suppose.

Un amour inconditionnel, comme le mot l'indique, est un amour sans conditions. C'est un amour qui n'est pas régi par les lois du marché, pas de « tu vaux autant, je paie donc autant pour être à tes côtés ». Un amour inconditionnel n'est pas sujet à l'offre et à la demande ; dans un amour inconditionnel, il n'y a rien qui ressemble à « si tu es gentil, je t'aime, si tu n'es pas gentil, je ne t'aime pas ». Un amour inconditionnel est un amour qui naît, grandit, se développe et ne meurt presque jamais, quelle que soit la personne à laquelle il s'adresse. Elle ne doit rien faire de spécial pour mériter un tel amour. Quel que soit le mal que fasse cette personne, rien ne pourra lui faire perdre l'amour dont elle est l'objet. Tout comme Dieu répartit sa Grâce d'une manière arbitraire, celui qui aime d'un amour inconditionnel le prodigue « parce que c'est comme ça, un point c'est tout… parce que j'ai envie… parce que c'est mon amour… ».

Quoi qu'il arrive, l'amour inconditionnel est là, la réalité ne le touche pas. Ce n'est pas un amour tissé de liens qui s'établit entre deux personnes pour que quelque chose circule entre elles. Non, ce n'est pas cela. L'amour inconditionnel n'a pas besoin de réciprocité, ça, ce serait un amour manqué, un signe de faiblesse. En réalité, l'amour inconditionnel n'a besoin de rien. C'est un amour qui ignore l'autre, parce qu'il se suffit à lui-même. Là, du haut de son Olympe, un amour inconditionnel ne commettrait pas la vulgarité de se laisser ébranler par de mauvais traitements ou de diminuer d'intensité à cause de l'indifférence que l'autre lui manifeste. Un amour inconditionnel est immense, incommensurable, mais il ne sait pas descendre sur terre pour connaître et aimer un être humain courant.

Alice est une mal aimée que nous retrouverons plusieurs fois tout au long de ces pages. Elle parlait ainsi de Laurent, le garçon avec lequel elle vivait et qui ne la traitait pas trop bien :

> Laurent ne doit rien faire de spécial pour que je l'aime. Lui, d'emblée, simplement parce que c'est lui – ou parce que c'est un homme –, il a toutes les qualités, car c'est moi qui les lui ai données. Et bien sûr, toutes les qualités que je lui donne, je me les enlève. Et tandis qu'il me semble de plus en plus merveilleux, moi, par contre, je me sens de plus en plus insignifiante…

Après un certain temps et grâce au traitement qu'elle suit, nous avons fini par comprendre combien Alice avait besoin de se sentir indispensable et comment elle était disposée à transformer Laurent en quelqu'un que Laurent n'était pas, dans le seul but d'atteindre ce lieu privilégié auprès de lui. Un jour, elle a dit :

> Plus j'y réfléchis, plus, je me rends compte qu'une grande partie de ma relation avec Laurent n'a rien à voir avec lui.

Alice avait découvert quelque chose de fondamental. Elle était follement amoureuse de Laurent mais elle ne savait pas très bien de quel Laurent il s'agissait. Comme elle le dit elle-même, le véritable Laurent, le Laurent en chair et en os, celui qui se lève tous les matins de mauvaise humeur, « n'a rien à voir » avec l'amour immense qu'elle lui professe. Et c'est en ceci que consiste l'« inconditionnalité ». À première vue, il semblerait qu'un tel amour a beaucoup d'avantages pour celui qui reçoit ce cadeau mais si on y regarde de plus près, c'est une espèce de fraude. Créer et aimer un dieu est plus simple que de connaître et de voir si nous voulons et acceptons un homme tel qu'il est.

Une phrase populaire décrit très bien cette situation : *Je ne t'aime pas pour ce que tu es, mais pour ce que je suis quand je suis avec toi.* On dirait qu'Alice a créé la phrase. Elle n'aime pas Laurent pour ce qu'il est, elle s'invente un Laurent extraordinaire de qui elle est l'artifice. Elle est celle qui possède ce dieu qu'elle a élaboré à sa mesure, ce qui va la convertir en quelqu'un de très important. Quand elle est avec Laurent, Alice dit qu'elle se sent très diminuée mais dans le fond, être aux côtés de Laurent la fait se sentir très importante, indispensable. Ce sentiment de diminution aux côtés de « son Laurent » est le prix qu'elle paie pour entrer dans le club de celles qui possèdent un dieu.

Toute-puissante ou sans défense ?

La phrase que Freud a rendue célèbre « His majesty the baby » contient d'une façon magistrale la situation de contradiction pathétique dans laquelle se trouve le bébé, selon quoi, même s'il est l'être le plus faible et le plus fragile de la terre, il exige un hommage et se comporte comme s'il était un dieu.

Quand il s'agit d'un bébé, cette combinaison incompatible et explosive peut s'avérer sympathique, attendrissante. Cependant, quand nous parlons d'un homme adulte, ça n'est plus du tout amusant. Et si nous pensons à ce bébé adulte, satisfait, nous ne devons pas oublier que transformer un homme en bébé a une double conséquence : il est traité comme un roi mais en même temps il est considéré comme un inutile, un pauvre être incapable de survivre sans les soins opportuns, sans la grandeur d'un amour comme celui que cette femme est prête à lui donner. Je suis ton esclave, oui, mais, surtout, je suis celle qui te possède. Personne ne va t'aimer comme je t'aime. Le servilisme donne lieu à la condescendance et de la condescendance à la domination, il n'y a qu'un pas parce qu'entre un maître et un esclave il n'est pas toujours facile de savoir qui dépend de qui.

Et il ne faut pas perdre de vue qu'un homme disposé à incarner une équivoque pareille attend de la femme qu'il a choisie l'amour inconditionnel d'une mère parfaite qui n'existe pas et n'a jamais existé. Une femme qui se prête à une danse aussi extravagante accepte, enchantée, de pouvoir se croire une femme complète, toute-puissante et qui a dans ses mains le destin d'un être aussi diminué et à la fois tellement immense. Certaines femmes semblent dire, en baissant un peu les yeux, « que votre volonté soit faite », heureuse, dans le fond, d'être l'élue. La fierté de la servante consiste à se sentir comme la Vierge Marie, celle qui règne sur un être sans défense qui, dans le fond, est ce dieu qu'elle a créé elle-même.

CHAPITRE III

Le choix

« Ma solitude n'est pas complète.
J'ai besoin d'un homme. »
C. MICHELENA

Choisissons-nous délibérément notre compagnon ? Est-ce qu'on nous choisit ? Ou est-ce le hasard qui se charge d'unir deux personnes ? Sans doute aucune réponse ne s'ajuste à tous les cas. Ce qui est vrai, c'est que Cupidon – fils de Mars et de Vénus, de l'amour et de la guerre – est dépeint comme un enfant espiègle, insensé, qui lance ses flèches à droite et à gauche, les yeux bandés, maladroitement et sans aucun critère. L'amour nous semble surtout arbitraire. Lui, il tombe amoureux d'elle parce que c'est comme ça, et elle, elle tombe amoureuse de lui pour la même raison.

Qu'est-ce qui fait que parmi tous ceux qui assistent à une réunion sociale, une femme pose son regard sur un homme, uniquement sur celui-ci, et pas sur celui qui est assis à côté d'elle ? Nous ne le savons pas avec certitude. Et si nous ne le savons pas, alors pourquoi consacrer un chapitre à ce qui se trouve entre les mains malicieuses de Cupidon et sur quoi nous n'avons pratiquement aucun contrôle ? Tout au long de mon expérience comme thérapeute, j'ai pu observer que certains types de relation se répètent avec une précision suspecte. J'ai vu des femmes sortir en piteux état d'une relation désastreuse et initier d'un pas ferme une autre relation ayant les mêmes caractéristiques. Je les ai vues souffrir énormément à cause de X qui les aimait très mal et prétendre guérir de ce mal amour avec un autre homme semblable à X, un calque exact de X, et obtenir les mêmes résultats. Comment se produit cette répétition ? Quelle sorte d'aimant maudit l'attire inexorablement et sans répit vers ce type d'homme ?

La petite souris prétentieuse

Toutes les bonnes histoires d'amour commencent par « Il était une fois... » mais cette fois il ne s'agissait pas d'un royaume lointain, ni d'une belle princesse, ni d'un roi très puissant. C'était une pauvre petite souris qui décida d'entreprendre un *casting* pour choisir un compagnon.

Vous rappelez-vous le conte de *La petite souris prétentieuse* ? Une petite souris coquette et vaniteuse balayait le pas de sa porte et y trouva une pièce de monnaie. Comme toutes les filles, il lui fallut du temps pour décider comment dépenser cet argent et puis elle eut une idée : « Je chercherai un prétendant ! » Et juste après, elle courut s'acheter un ruban pour orner sa petite queue et être ainsi plus attirante pour le sexe opposé. Le ruban autour de sa queue donna très vite les résultats escomptés et différents prétendants commencèrent à défiler devant sa porte en lui jurant un amour éternel et, bien sûr, le mariage. Le coq, le lion, le loup et le porc voulaient tous se marier avec elle, mais aucun ne semblait combler les aspirations de cette petite souris coquette et prétentieuse. Elle attendrait donc que le candidat idéal apparaisse. Elle continuerait à balayer le pas de sa porte, la queue toujours ornée du ruban.

Finalement, une nuit, le candidat attendu sonna chez elle. Les lignes harmonieuses de son pelage brillant soulignaient sa souplesse et l'élégance naturelle de ses mouvements. Il avait de grands yeux, le regard pénétrant, un verbe prodigieux. « Il » était, sans aucun doute, l'amour de sa vie. C'était le chat en personne !

Nous avons fini par nous prendre d'affection pour cette petite souris et maintenant, quand nous la voyons prête à commettre la pire erreur de sa vie, nous avons envie de lui crier : « Non, petite souris, pas le chat, non ! Marie-toi avec n'importe qui, mais pas avec le chat ! » Dans le manuel d'instructions basiques de la vie des petites souris, la première instruction est la suivante : « Attention aux chats ! » Sur la première page du manuel d'instructions des chats, il est écrit : « Quand tu auras faim, mange des petites souris. »

L'histoire continue, implacable, comme le destin. Il n'y a rien à faire. La petite souris a complètement perdu son flair naturel et elle se marie avec le chat. Juste après le mariage, le mari se transforme en Anibal Lecter et mange la petite souris.

À quel moment du processus de sélection la petite souris a-t-elle commis une erreur ? On ne peut pas lui reprocher d'avoir agi impulsivement, ni d'avoir pris une décision précipitée. Elle ne semblait pas courir derrière le premier venu. Au contraire, le casting a été laborieux. Évidemment, elle n'a pas posé les questions adéquates. « Qu'est-ce que tu as l'habitude de faire le soir ? » est, sans aucun doute, une question cruciale pour la santé sexuelle d'un couple. C'est une question excitante, provocatrice.

Mais pour un rongeur susceptible de devenir l'aliment d'une variété de prédateurs, la question vitale, adéquate, est : « Qu'est-ce que tu aimes manger ? » Mais le problème ne se résume pas à choisir la question adéquate. Notre petite souris est la candidate idéale pour devenir une femme mal aimée car même si elle avait posé la question adéquate et que le chat avait été sincère et lui avait avoué son identité et son goût pour les petites souris, elle n'aurait pas pris la décision la plus rationnelle, qui aurait été de fuir à toutes jambes. C'est pourquoi il existe quelque chose de complètement inexplicable. Au lieu de fuir, la petite souris choisit, parmi tous les animaux, le chat et se marie avec lui. « Qu'est-ce qui l'attire chez le chat ? »

Nous ne saurons jamais ce qui se serait passé si elle s'était mariée avec l'un des autres prétendants qui défilaient sous son balcon. Ce qui est certain, c'est que le seul de tous les animaux qui, sans aucun doute, allait manger la petite souris était bien le chat. On le voyait venir. Ses amies, sa famille et collègues de travail ont bien dû la prévenir. Mais elle n'a pas écouté. Comment est-ce possible qu'après avoir vu ses prétendants un par un, elle choisisse le pire ?

L'histoire inconsciente

Si la petite souris prétentieuse était allée consulter un psychanalyste, celui-ci, au lieu de lever les bras au ciel, aurait demandé : « *Mais… a-t-elle choisi le pire ou le "meilleur" ?* »

Je m'explique ; nous avons l'habitude d'entendre des gens dire une chose et, cependant, les voir faire tout ce qu'ils peuvent pour en obtenir une autre complètement différente. Par exemple, nous avons le cas de Léa, une patiente d'environ trente ans, qui avait l'habitude de dire pendant ses séances : « Moi, la seule chose que je veux, c'est me marier et fonder une famille », et, cependant, elle passait plus de douze heures au bureau, elle travaillait le week-end et elle avait une vie sociale très limitée. D'autre part, nous avons aussi le cas de Gaëlle, d'une quarantaine d'années, qui ne sortait qu'avec des bohèmes, des hommes mariés ou des écervelés, et avec lesquels elle s'embarquait dans des relations qui ne duraient pas plus de deux mois. Après chaque rupture, elle soupirait : « Moi, ce que je veux, c'est une relation stable. » Que veulent-elles réellement, Léa et Gaëlle ? Ce qu'elles « disent » vouloir ou ce qu'elles « font » pour obtenir ce qu'elles ont ? Quelle phrase faudrait-il croire ? Eh bien les deux, car aucune ne ment. Le problème, c'est que ceux qui ne sont pas psychanalystes, c'est-à-dire la majorité des gens normaux, écoutent seulement la Léa ou la Gaëlle qui « disent » et il nous semble que la Gaëlle ou la Léa qui « fait » fait ce qu'elle fait parce qu'elle est victime de circonstances externes qui lui sont étrangères.

Léa a un travail avec beaucoup de responsabilités et la pauvre Gaëlle n'a pas eu de chance avec les hommes. D'ailleurs, la Léa qui « dit », c'est celle qui se demande perplexe : « qu'est-ce que j'ai fait, moi… ? », et la seule qui peut répondre à cette question, c'est la Léa qui « fait ».

Dans le cas de Léa, après quelque temps de traitement, nous avons découvert que dans son inconscient était écrite l'histoire d'une petite fille, la plus jeune d'une famille nombreuse, que la seule chose qui l'intéressait était de démontrer à tous les grands : *Moi, je peux y arriver toute seule*. Est-ce donc un mensonge qu'elle veuille se marier et avoir des enfants ? Bien sûr que non, elle veut se marier et avoir des enfants ! Mais il y a quelque chose qui est bien plus important pour elle que ses désirs de femme adulte, quelque chose qui l'a marquée, ce sont ses désirs de petite fille. Sans le savoir, Léa sacrifie une vie de femme et de mère de famille pour pouvoir démontrer qu'elle « est grande et qu'elle peut se débrouiller toute seule ». À qui devrait-elle le démontrer ? Aux membres de sa famille évidemment, mais à une famille imaginaire que Léa a dans la tête, une famille avec une mère soi-disant envieuse de sa petite fille, désireuse de la voir échouer et d'être ridicule chaque fois qu'elle veut paraître grande et un grand-frère soi-disant dédaigneux et qui méprise les tentatives de sa petite sœur de lui faire plaisir et d'attirer son attention. Une famille imaginaire avec laquelle Léa vit seulement dans sa tête, puisque pour ses véritables parents et ses véritables frères et sœurs, rien ne leur ferait plus plaisir que de la voir fragile, normale, mariée et affligée de trois enfants.

Gaëlle, quant à elle, « dit » qu'elle veut une relation stable et elle est convaincue qu'elle ne veut effectivement qu'une relation stable. Elle est donc la première surprise quand elle découvre qu'à chaque fois ses tentatives pour se mettre en couple échouent et que les résultats n'ont rien à voir avec ses désirs conscients. Ce qui se passe, c'est que sans qu'elle le sache, il y a d'autres désirs secrets, qu'elle ne contrôle pas et qui marquent le chemin à suivre. Dans son cas, nous découvrons une rancune ancestrale contre un père qui est parti subitement de la maison avec une autre femme alors qu'elle n'avait que sept ans. Une rancune qui l'oblige à dire : « On ne peut pas faire confiance aux hommes ; au moment le plus inattendu, ils nous laissent tomber. » Et en effet, chacun des hommes avec lequel elle établissait une relation venait lui démontrer sa maxime :

« On ne peut pas faire confiance aux hommes... » D'ailleurs, il semblait qu'elle les choisissait exprès pour qu'ils suivent le scénario secret qu'elle leur avait désigné, et chacun l'abandonnait au moment où elle était le plus amoureuse, tout comme l'avait fait son père quand elle avait sept ans. Gaëlle souffrait, oui, mais avec sa vie, elle démontrait sa thèse : « On ne peut pas faire confiance aux hommes. » Si Gaëlle avait choisi un autre type d'homme, n'importe quel autre, au lieu d'un « chat », elle aurait probablement pu avoir une relation stable mais alors sa théorie se serait effondrée.

Un autre texte qui expliquerait la répétition interminable de Gaëlle pourrait être : « Cette fois-ci, je vais réussir à ce que papa ne parte pas et qu'il reste avec moi. » Et pour cela, il est indispensable qu'elle trouve un écervelé tout comme son père l'a été et qu'elle lui fasse passer la preuve définitive à chaque fois, bien qu'à chaque fois, c'est elle qui perde. « Un jour j'y arriverai ! » est l'esprit secret qui la guide.

Pour revenir au cas de la petite souris, c'est comme si, dans le fond, le plus important pour elle n'était pas de se marier et d'être heureuse, mais de démontrer qu'elle est une petite souris différente des autres, forte et spéciale. Dans ce cas, accepter un autre prétendant ne lui aurait pas permis d'exhiber ses « superpouvoirs ». Seul le chat remplissait les conditions nécessaires pour mener à bien ce plan secret, à savoir, montrer au monde qu'elle n'était pas n'importe quelle petite souris et que son chat n'était pas n'importe quel chat.

Si nous regardons la petite souris sous un autre angle, c'est-à-dire comme une personne qui a besoin de mettre sa singularité sur le tapis, nous comprendrons que le casting a été impeccable et qu'elle a choisi le meilleur des prétendants possibles. Elle a choisi le seul qui lui permettrait de manifester son extraordinaire valeur et sa capacité de sacrifice. Nous pouvons imaginer la petite souris qui lui dit :

« Ne t'inquiète pas, chat. Avec moi, les choses vont être différentes. Je vais te montrer comment faire confiance aux souris et comment les aimer. Moi, je serai toujours là. Je vais tellement t'aimer, et si bien, que tu ne pourras pas me faire de mal… tu verras ! Et si tu me fais du mal, je pourrai le supporter et j'attendrai parce que je sais que dans le fond tu es un chat extraordinaire. Ce ne sera pas aujourd'hui, ce ne sera pas demain, je serai patiente parce que je sais qu'un jour tu m'aimeras tellement que tu ne voudras plus me dévorer. »

Nous pensions tous que la petite souris était prétentieuse parce qu'elle adorait se sentir belle et plaire. Nous pensions tous qu'elle était prétentieuse parce que sa maison était la plus propre de la contrée, et le ruban qu'elle portait le plus brillant. Maintenant, nous connaissons l'objectif de la prétention de la petite souris. La petite souris croit être bien supérieure aux autres souris mortelles. Elle croit être la seule, l'unique petite souris dans l'histoire de son espèce capable de séduire un chat et de le faire fléchir.

Nous avons souvent écouté une femme dire des choses comme celles de la petite souris : « Près de moi, tu arrêteras de boire ou de te droguer. Près de moi, tu apprendras à être fidèle. Près de moi, ton caractère désagréable deviendra doux. Moi, je vais réveiller l'être merveilleux qu'il y a en toi. Quand tu découvriras à quel point et comment je t'aime, tu perdras ta peur face aux engagements et tu arrêteras de douter et un jour…, un jour… tu voudras être avec moi pour toujours et alors nous serons très heureux… »

Les occasions perdues

Choisir un chat produit des effets adverses directs : le chat te fera souffrir, il ne tiendra pas compte de toi, il exigera et exigera sans rien offrir en échange, il te fera espérer un futur qui n'arrivera jamais, il sera infidèle; enfin, une liste que n'importe qui pourrait compléter. Mais ce choix aussi est accompagné d'« effets collatéraux », des effets indirects qui ont toute leur importance. Quand on choisit un chat, on perd d'autres options, on laisse passer des trains qui nous amèneraient à une meilleure destination, une certaine quantité de candidats qui passent dans la vie de la petite souris est rejetée sans avoir eu la moindre chance, et cela seulement parce que la petite souris n'avait d'yeux que pour son chat. C'est ce qui est arrivé à Maé.

Thomas est tombé amoureux de Maé, camarade de faculté, dès la première semaine des études qu'ils ont suivies ensemble. Alors qu'il se demandait comment passer du statut de camarade à celui de prétendant, il s'est rendu compte qu'un autre camarade, Alex, était aussi amoureux d'elle. Alors entre Alex et Thomas s'est établie une rivalité féroce. Ils ont géré la querelle amicalement comme le font des personnes intelligentes et ayant le sens de l'humour. Quand ils étaient avec Maé, ils cherchaient tous les deux à être le plus ingénieux, le plus amusant, le plus spirituel. Même leurs études ont été favorisées par cette compétition constante : ils doivent en fait leurs bonnes notes à leur amour pour Maé et à la concurrence que chacun d'eux a établie avec l'autre.

Une anecdote décrit l'ambiance qui régnait entre les trois. Un après-midi où ils se promenaient ensemble, Maé proposa, pour s'amuser, une course pour voir qui arriverait le premier au but. Ces messieurs donnèrent un certain avantage à la dame et lui permirent de partir la première. Alors qu'ils se préparaient à entamer la course, ils se regardèrent, se mesurèrent, et les couteaux aiguisés de leurs yeux échangèrent des menaces de mort silencieuses. Ils partirent, disposés à gagner. Tous les deux passèrent près de Maé, la dépassèrent sans plus s'occuper d'elle. À ce moment-là, le plus important pour eux était de gagner cette compétition et de démontrer lequel des deux « était » le meilleur. Vous vous rappelez l'importance qu'« être ou ne pas être » avait pour Hamlet et pour les hommes en général. Donc, durant leur lutte pour « être » le plus macho des deux et avoir ce qu'il faut avoir pour le démontrer, ils avaient complètement oublié quel en était le prix. Au jeu de la course, ils sont arrivés ex æquo et dans le jeu de la vie aussi, Maé n'a choisi aucun des deux.

Et ils ont perdu tous les trois. En effet, Maé, même si elle jouait à les séduire tous les deux, était obstinément amoureuse d'un troisième garçon, un Italien, un certain Gino, qui oubliait de l'appeler, qui ratait l'avion quand il venait la voir un week-end à Madrid, qui l'obligeait à annuler ses voyages deux jours à l'avance à cause d'un imprévu, qui doutait régulièrement de son amour pour elle et qui la maintenait toujours en éveil. Gino, un beau ténébreux, séducteur, insistait pour que tout soit clair entre eux ; il ne voulait pas d'engagement prématuré. Et elle, elle était disposée à attendre le temps qu'il faudrait. Au début, Maé se réfugiait dans l'idée qu'elle non plus ne voulait pas se sentir enfermée dans une relation, une relation étouffante qui l'engagerait parce qu'elle était très jeune, parce que ses études étaient très importantes pour elle, parce que… parce que… Mais avec le temps, elle a commencé à souffrir de cet « accord » plus qu'elle n'en jouissait.

Des années sont passées. Je sais que Thomas s'est remis dignement de ce faux pas et aujourd'hui, il est avec une femme séduisante et amusante qui a effacé Maé de ses pensées. D'Alex, je ne sais rien. Et Maé ?, notre héroïne, si hautaine, si fascinante, capable de provoquer une compétition ente deux hommes pour leur amour. Qu'est-il arrivé à cette fille qui a eu la chance de pouvoir choisir entre plusieurs amants ? Maé continue sur sa lancée : elle éveille des passions qu'elle méprise et est toujours amoureuse de Gino, son « chat » particulier ; elle l'attend, souffre de ses oublis, ses doutes, ses délais. Maé soupire encore à distance pour le seul de ses prétendants qui, sans aucun doute, peut la manger toute crue.

De Maé, on ne peut pas dire que ce soit une femme simple ou naïve. De Maé, comme de la petite souris, on peut seulement dire qu'elle est « prétentieuse » et qu'elle choisit à partir d'une logique qui nous échappe, d'une logique qui, supposons-nous, va au-delà de ce principe qui régit toutes nos actions et qui consiste à chercher le plaisir et à fuir la souffrance. Le plaisir que Maé cherche avec son choix n'est pas le plaisir courant, plus ou moins immédiat, d'aimer et de se sentir aimée, d'aimer un homme et d'être heureuse avec lui. Le plaisir qu'elle cherche paraît plus complexe. Maé essaie de soumettre Gino, de le transformer. Si elle avait choisi Alex, Thomas, ou n'importe quel autre homme qui était près d'elle, son ambition aurait considéré son bonheur simple, sans charme, sans mérite. De tous les amours que la vie a mis à ses pieds, Maé ne cherche à atteindre que le plus difficile, celui qui suppose un défi pour elle. La prétention, la vanité de Maé, la pousse aveuglément à opter pour un chat : Gino. Maé, je ne l'ai pas connue directement, c'est pourquoi je ne connais pas le contenu de son « agenda caché », mais je suis sûre qu'il y aura quelque chose dans son histoire qui explique cette espèce d'obstination pour rester avec Gino. Son obstination, malgré l'évidence, me rappelle la vieille fable de la grenouille et du scorpion.

La grenouille et le scorpion

Au bord d'une rivière, une petite grenouille rencontre un scorpion.

— Petite grenouille, je dois traverser la rivière, est-ce que je peux monter sur ton dos ?

La petite grenouille le regarde, méfiante, et lui dit :

— Il n'en est pas question scorpion ; je te connais et je sais que tu vas me piquer.

Le scorpion se vexe :

— J'ai beaucoup changé. Je te jure sur ce que j'ai de plus cher au monde que, cette fois-ci, je ne vais pas te faire de mal.

— C'est vrai, tu ne vas pas me piquer ?

— Bien sûr que non, petite grenouille.

Ils traversent la rivière et de l'autre côté, exactement sur l'autre rive, le scorpion attaque la petite grenouille.

— Mais… tu m'avais juré que tu n'allais pas me piquer !

— Oui, oui, moi je ne voulais pas, mais c'est dans ma nature…

Les gens, en général, sont ce qu'ils paraissent être et ils répondent presque toujours à l'appel de « leur nature ». Un scorpion est toujours un scorpion et il a une nature déterminée contre laquelle il est incapable de lutter. Celui qui a l'air d'un « chat » est évidemment un « chat » et, un jour ou l'autre, il mangera ce que les chats mangent depuis toujours, c'est-à-dire des souris et des petites souris prétentieuses. C'est leur nature et ils ne peuvent pas l'éviter.

Qui choisir ?

Parfois, le choix, comme dans le cas de Maé, comme dans le cas de la petite souris prétentieuse, comme dans le cas de la petite grenouille et du scorpion, est conscient. D'une (in)conscience maladroite et secrète qui échappe au commun des mortels, mais on peut voir quelque chose de délibéré, un acharnement qui cherche à accomplir le mandat de cet agenda caché. Quelque chose comme : « Oui, je sais que les chats mangent les petites souris, mais ça m'est égal, c'est même ce que je préfère en lui. » Je connais la nature des scorpions et je sais que dès qu'ils peuvent, ils font mal. Mais… que dire de l'émotion de traverser la rivière avec un scorpion sur le dos ? Et que dire de l'expérience excitante du risque ?

Parfois, le choix est soutenu par un aveuglement qui nous semble complètement inexplicable vu du dehors. On ne s'occupe pas de la personne réelle qui est en face de nous et la candidate au « mal amour » s'invente pour être à sa mesure. C'est comme si la petite souris disait : « Lui, il dit que c'est un chat. Il a l'air d'un chat, il miaule comme si c'était un chat, parfois, il a même mangé une petite souris comme le font les chats, mais ça, c'est parce qu'il n'était pas bien à ce moment-là. Moi, je sais que dans le fond, c'est un rat génial et il faut juste que quelqu'un ait la patience et l'amour suffisants pour que s'épanouisse le merveilleux rat qu'il y a en lui. » « Et si c'est vrai que le scorpion a beaucoup changé ? Pourquoi ne pas lui donner une autre opportunité ? Voilà le cas de femmes mal aimées, comme celui d'Alice, entre autres.

Alice est une patiente que nous connaîtrons mieux dans le chapitre consacré à la soumission. Elle est venue me consulter souffrant du « mal amour » qu'elle vivait avec Laurent. Sa relation ressemblait plus à une course d'obstacles qu'à une manière de partager sa vie. Alice était capable de faire n'importe quoi pour faire plaisir au bon Laurent ; c'était une tâche pratiquement impossible.

Avec le temps, la relation avec Laurent s'est terminée et un soir, de nombreux mois après la fin de cette histoire qui l'a tant fait souffrir, Alice l'a rencontré par hasard. Ils ont pu parler, juste pour savoir comment ils allaient, sans rouvrir les blessures du temps passé. Alice est arrivée à la séance suivante très surprise.

> Je suis guérie de Laurent ! Il m'est arrivé une chose très curieuse, je crois que pour la première fois, j'ai vu le vrai Laurent. Il est toujours pareil : désagréable, pessimiste et amer, mais maintenant je peux le voir. Avant, quand nous étions ensemble, je pensais toujours que ce qui n'allait pas était temporaire et que sa véritable essence, ce qui était vrai, allait arriver. J'étais persuadée que dans le fond, il était fantastique. Comment n'allait-il pas l'être ? Son bon côté apparaîtrait, il fallait seulement que je fasse telle ou telle chose, que je fasse toujours mieux et que j'attende. Comment ai-je fait pour m'inventer tout ça ? Hier soir, je l'ai vu comme mes amies m'ont dit qu'elles l'avaient toujours vu… Un pauvre homme fâché contre tout le monde, aigri et en plus pédant, qui croit que la vie lui doit quelque chose. Ça doit être comme ça, non ? Plus j'y pense, plus je me rends compte

que l'image que j'avais de Laurent avait très peu à voir avec le véritable Laurent.

Qui Alice avait-elle choisi ? Quel Laurent ? De qui était-elle tombée amoureuse ? Du véritable Laurent ou de celui qu'elle s'était inventé toute seule ? Selon son plan secret, elle était avec un diamant brut que le temps et son amour infini tailleraient. L'argument de « lui, dans le fond, est bon et moi je suis la seule qui le connaisse et sache qu'il est merveilleux… » est très commun. On parie sur ce qu'on imagine que l'autre peut arriver à être, sur une promesse hautement improbable et non sur ce qu'il est, sur ce qu'il y a, sur ce qui se voit et se vérifie dans la réalité.

Cette capacité de pressentir un diamant taillé et poli derrière une roche joue normalement contre la grenouille ou la petite souris. Il se peut qu'il joue en faveur du plan secret qu'elle a. Peut-être que son plan consiste à être l'artifice d'un miracle ; celui de transformer un scorpion en un ours panda ou de transformer un crapaud vert en prince charmant, grâce à un baiser.

En vérité, tout le monde n'est pas disposé à jouer un rôle déterminé. C'est pour ça qu'il est nécessaire de faire un « casting ». Ni Alex, ni Thomas n'étaient disposés à jouer le rôle du mal aimant que Gino jouait aussi habilement et que Maé adorait. Même si nous connaissons beaucoup de Laurent, beaucoup de Gino, beaucoup de chats et de scorpions dans la vie, qui attendent qu'une « prétentieuse » arrive enfin pour les transformer en dieux, tous les hommes ne sont pas disposés à être traités comme ce qu'ils ne sont pas, quel que soit le personnage qu'on leur propose de représenter.

Se laisser aller, c'est choisir

Une autre manière de choisir consiste à croire qu'en réalité, on ne choisit pas. De même que le péché d'omission est un péché, ne pas prendre de décision à un moment déterminé est une forme passive de prendre une décision et de choisir.

Les arguments les plus fréquents dans ces situations sont : « Je vais vivre le présent », « Je sais comment il est (je sais qu'il est marié, je sais qu'il boit, je sais qu'il ne veut pas s'engager) mais ça m'est égal, tant que ça dure… quelle importance », « Pour le moment, ça m'est égal, mais si je vois que ça me fait souffrir, je le laisse et puis c'est tout », « Tant que je ne trouve pas mieux, je reste avec lui, après nous verrons ».

Ce qui est certain, c'est que la plupart des femmes que je connais et qui ont utilisé cet argument pour se plonger dans des relations désastreuses, alors qu'elles « attendent le prince charmant », finissent par être impliquées jusqu'à la moelle dans chaque relation et, ce qui est pire, quand elles se rendent compte qu'elles souffrent, il est trop tard pour tout abandonner. Elles peuvent le laisser, oui, mais, ce faisant, elles y laissent la peau.

Commettre deux erreurs au lieu d'une

« Si l'on fait l'erreur de s'acheter quelque chose qui ne nous va pas, il n'est pas nécessaire de commettre une deuxième erreur en le mettant. » C'est ce que disait mon ami Carlos en parlant des vêtements et cela m'a toujours paru un conseil très sage. Suivant cette recommandation, j'ai offert à temps, et sans les avoir étrennés, des vêtements avec lesquels j'aurais eu l'air ridicule. Il se passe la même chose avec les relations amoureuses. Quand une femme se trompe dans son choix, il n'est pas nécessaire de perpétuer l'erreur en demeurant auprès d'un homme qui ne peut que la faire souffrir. Cependant, il est très fréquent de voir une femme défendre un mauvais choix avec la même ferveur qu'un joueur en Bourse s'accroche à un investissement ruineux.

On peut choisir un homme qui ne nous va pas du tout parce qu'il est à la mode, parce qu'on est pressée, pour la couleur ou parce qu'il était en solde. Parfois elle choisit un homme qui ne lui va pas du tout parce qu'elle pensait qu'elle le voulait pour une chose précise, mais, en réalité, elle le cherchait pour quelque chose d'autre. Et, au lieu de le rendre à temps pour être remboursée, de le changer pour un autre, ou de le donner rapidement à une ONG, la mal aimée s'acharne à le transformer, à lui changer les manches, à changer elle-même et à se transformer en une autre femme, ou de lui faire porter, inutilement, des bijoux qui lui plaisent à elle.

Si c'est si difficile de nous défaire d'une jupe qui ne nous va pas, nous pouvons nous imaginer à quel point ce sera difficile de reconnaître une erreur lorsque nous sommes déçues par un homme qui nous plaît et que nous avons en plus choisi avec beaucoup de soin. Avec une précision étrange, inexplicable du point de vue de la logique consciente, mais une précision qui obéit à un ordre secret de l'histoire infantile.

CHAPITRE IV

Création d'un dieu

« Je supporte tes défauts. On se résigne aux défauts de Dieu. Je supporte ton défaut. On se résigne au défaut de Dieu. »

Marguerite YOURCENAR

L'amour :
« Je compte jusqu'à trois… »

« *À trois tu t'endormiras profondément.* » Ce sont les seuls mots que prononce l'hypnotiseur et, immédiatement, le cou de l'hypnotisé perd sa raison d'être, sa tête tombe comme du plomb sur sa poitrine, sans forces, sans destin.

L'hypnotiseur s'adresse à l'audience pour expliquer en quoi consiste le numéro qu'il va présenter. Sur la scène, nous le voyons aller et venir, alors que l'hypnotisé demeure en *off*. Mou, sans volonté, attendant que la voix de son maître lui rende la vie. À partir de ce moment-là, l'hypnotisé sera disposé à faire tout ce que son maître lui ordonnera, aussi ridicule, absurde ou honteux que ce soit : il peut rugir ou gémir, sautiller sur une seule jambe, se déguiser ou se déshabiller complètement. Il enton nera des chansons infantiles, dansera des danses régionales ou pourra éternuer chaque fois qu'il entendra le mot bleu.

L'adresse de l'hypnotiseur est prodigieuse et elle provoquera les « bravos » d'un public enflammé qui applaudira satisfait devant la soumission sans conditions qu'un être humain peut imposer à un autre sans utiliser la force brutale. Les applaudissements redoublent. De tels spectacles ont lieu partout sans que nous nous en rendions compte.

Mon amie Karine est une peintre connue. Tout au long de ses années de formation, elle a gagné des bourses qui l'ont amenée à vivre à Rome, à New York et elle est devenue une femme du monde. Aujourd'hui, elle est fière, et avec raison, de pouvoir vivre de sa peinture. Depuis trois ans, Karine est follement amoureuse de Guillaume. Quand ils se disputent, elle n'est plus là pour personne. Elle n'a envie ni de peindre, ni de parler, ni de manger, ni de dormir. Dans ces cas-là, elle n'est plus qu'une poupée de chiffon collée au téléphone portable qui n'attend qu'une chose, que sonne la petite musique de l'appel de Guillaume qui la sortira de sa léthargie. Peu importe qui est responsable de la dispute. Elle est toujours là dès le premier appel.

« Je ne le fais pas pour Guillaume, explique-t-elle. Je le fais pour moi, parce que si je ne parlais pas avec lui, j'en mourrais. »

Si elle entend la petite musique et si derrière la petite musique, elle entend la voix de Guillaume, Karine reprend vie. Les couleurs réapparaissent sur la toile tout comme sur ses joues. Elle respire et se comporte comme si elle était une femme normale. Elle a de nouveau envie de vivre et de sortir de l'atelier. Elle va faire les courses et prépare de véritables banquets pour Guillaume et ses amis.

Personne n'applaudit Guillaume dans la rue et, cependant, il fait avec mon amie Karine la même chose que l'hypnotiseur avec l'hypnotisé. « Un, deux, trois… » semble dire Guillaume chaque fois qu'il apparaît. « Un, deux, trois… » chaque fois qu'il disparaît et c'est suffisant pour que Karine danse à son rythme. Elle n'est plus personne s'il n'est pas là, et ne revivra que quand elle entendra sa voix.

Freud a été le premier à comparer l'état amoureux avec la suggestion hypnotique. L'amoureux est comme capturé par son amour (maître*), littéralement hypnotisé. Il perd toute volonté près de lui. Tout ce qui sort de sa bouche lui semble génial parce que la grandeur de son amour (maître) est au-delà de toute mesure. L'amoureux, qui hier encore était capable de distinguer ce qui lui plaisait de ce qui ne lui plaisait pas, le blanc du noir, le doux de l'amer, la nuit du jour, a perdu sa capacité de discernement, il n'a plus de volonté. À partir de maintenant, tout ce qui sortira de la bouche de son amour (maître) sera « la parole de Dieu ».

L'effet hypnotique passe

Il faut être aveugle et fou pour tomber amoureux pour de vrai. Devenir idiot et croire au Père Noël. Alléluia ! L'amour n'est ni impartial ni rationnel. Tomber amoureux, c'est être prêt à mourir ou à tuer par amour. Tomber amoureux, c'est découvrir la poudre et le fil à couper le beurre le même jour. Obtenir un doctorat en niaiserie avec mention très honorable et ne pas pouvoir maîtriser ce sourire stupide qui reste collé aux lèvres. Je suis donc d'accord avec cette proposition que j'ai entendue : il devrait exister un arrêt maladie pour celui ou celle

---

* *Amo(r)* dans le texte original. Jeu de mots entre *amo*, « maître », « propriétaire », et *amor*, « amour ». *(N. d. T.)*

qui tombe amoureux, qui le dispenserait de toute responsabilité jusqu'à ce qu'il retombe les pieds sur terre.

Quand l'amour est réciproque, un processus de vases communicants est mis en place. Nous pouvons le comparer avec le fonctionnement des couples de siamois : «*je te prête mes jambes, laisse-moi utiliser ton cœur*», etc. Tous les biens personnels de l'un passent au nom de l'autre et vice versa. L'autre est malin, sympathique, profond, intelligent et amusant. C'est sans aucun doute le plus beau et il a les plus belles dents du monde. Celui qui aime attribue toutes les qualités à l'autre, s'appauvrissant lui-même. La capacité de discernement, pour dire «ceci me plaît» et «ceci ne me plaît pas», «je suis d'accord ou je ne suis pas d'accord», se trouve maintenant entre les mains de l'autre. Ainsi, plus on embellit et on élève l'amour (maître), plus on devient dépendant et plus on s'appauvrit soi-même.

On offre un trousseau de clés à l'être aimé : «Je te remets toutes les clés de ma vie. Celles de chez moi, celles de toutes les armoires, de tous les tiroirs et du coffre-fort. Je te remets les clés de mes pensées, celles qui gardent mon passé et celles qui cachent mon futur, qui n'est plus une énigme parce que je vais le vivre près de toi. Les clés de mon corps sont à toi, tu peux les utiliser chaque fois que tu voudras. Je te remets les clés de mes dieux, la clé de mes désirs, celle de mes peurs, celle de mon sourire et celle de ma douleur : je suis toute à toi.» Alors, la bien aimée se retrouve dénudée, complètement exposée aux intempéries.

Au point culminant de l'amour, personne n'est en danger, parce que tous les deux sont follement amoureux l'un de l'autre ; l'hypnose est mutuelle et la remise sans conditions du «trousseau de clés» se réalise sous forme d'échange.

Je suis désolée mais l'amour fou du début passe. Oui, je sais, c'est dommage ; mais nous devons recommencer à manger, à dormir et à travailler. Plusieurs choses peuvent alors arriver. Une façon d'éviter la rencontre avec la réalité est de maintenir la relation dans les limites de l'impossible. La clandestinité ou la distance sont de bonnes alliées dans ces circonstances.

Quand Zaïa et André se sont connus, ils étaient déjà mariés… chacun de son côté. Dès qu'ils se sont vus pour la première fois, ils sont tombés amoureux l'un de l'autre : un coup de foudre désespéré. Leurs relations respectives étaient déjà tombées dans l'ennui et ce fut facile de retrouver l'illusion dans le regard amoureux que ce nouvel inconnu leur offrait. Maintenant, ils sont amants depuis quatre ans. Ils se plaisent, le seul son de leurs voix les excite ; ils se cajolent, se comprennent, s'adorent. Tant et si bien qu'ils ont pris la décision de se séparer de leurs conjoints respectifs pour être ensemble. Les premiers mois, malgré les difficultés de chaque séparation et la douleur qu'ils ont causée autour d'eux, le bonheur régnait entre eux. La passion était leur plat favori. Ils passèrent ensemble un été inoubliable… La rentrée fut plus dure. Peu à peu, ils se sont rendu compte avec surprise qu'ils ne se connaissaient pas. Les maladresses dont ils avaient souffert durant ces quatre ans avaient toujours été mises sur le compte des difficultés propres aux amants. L'aventure de se découvrir dans la vie quotidienne n'a pas été aussi passionnante que les rencontres furtives dans la clandestinité. C'est ainsi qu'un an après, André a pris une autre maîtresse et Zaïa est retournée auprès de son mari.

Une autre possibilité, c'est quand l'amour effréné du début ne supporte pas la désillusion qu'impose la réalité et nous passons alors d'un extrême à l'autre, de l'amour à la haine. De « Tu es le meilleur ! » à « Tu es le pire ! ». Je me rappelle une amie de l'école qui avait un grand pouvoir de séduction. Tous ses copains étaient parfaits durant un, deux ou trois mois, jusqu'à ce qu'ils deviennent des êtres abominables, mal élevés ou ennuyeux. J'ai entendu dire qu'elle cherchait toujours l'homme parfait.

Il existe aussi ceux qui sont capables de faire le deuil de l'être idéalisé des débuts, de « leur dieu », et de rester vivre avec un simple être humain, un compagnon ou une compagne suffisamment agréable. Ce moment marque le début de la construction d'une relation plus solide qui a survécu au merveilleux débordement des premiers temps et a survécu aussi à la fin de cette frénésie.

Tomber amoureux est évidemment un antidote très efficace contre les rigueurs de la vie quotidienne, tout le monde est d'accord là-dessus. Mais s'installer vivre à Disneyland, ça coûte cher. Le commun des mortels se contente donc d'aller au cinéma ou de rêver. Tous, que nous ayons ou non une relation stable, nous rêvons, nous fantasmons de retomber follement amoureux. Nous rêvons de croire à nouveau à ce à quoi plus personne ne croit et découvrir le premier amour de l'histoire de l'humanité. Nous l'inventons, nous sommes pleins d'illusions, nous dépoussiérons les boléros, nous rêvons de danser et danser… Et nous tremblons en entendant les paroles prononcées par cette bouche, nous nous enivrons de l'odeur de ce cou et de la main qui fera frémir notre peau.

L'amour est-il comme le gaspacho ?

Je déteste avoir à l'écrire mais, comme avec tous les médicaments, tout est question de dosage, de quantité, de manque ou d'excès, d'indication et de posologie. Il faut donc bien doser pour que la folie de l'amour ne devienne pas pernicieuse. L'état amoureux est exagéré par définition, il est téméraire, nous rend bêtes, maladroits, vulnérables… Jusqu'où cette passion peut nous enflammer sans nous dévorer ? De quelle dose de masochisme avons-nous besoin pour ne pas trop souffrir ? Deux kilos ? Une livre ? Une demi-livre ? Une pincée ? Dépendre oui, mais jusqu'à quel point ? À quel prix ? En définitive, comment apprivoiser la bête sauvage de l'amour qui est en nous ?

Ne croyez pas que j'aie la formule. J'aimerais bien ! L'amour, c'est comme le gaspacho, en fait, chacun a sa propre recette et aucun gaspacho ne ressemble aux autres. Ce sont tous des gaspachos, ils ont tous les mêmes ingrédients, ou presque, mais en proportions différentes, et mélangés selon des procédés différents : « Moi, je ne mets pas de pain », « C'est mieux de l'assaisonner à la fin », « La moitié avec des tomates normales, l'autre avec des tomates poire », « Pas d'ail », « Il faut le laisser reposer dans la glace ». Enfin, je connais autant de trucs pour préparer le gaspacho que de cuisinières et autant de façons d'aimer que de couples.

En effet, bien qu'il y ait un nombre infini de recettes, certains gaspachos sont objectivement mauvais. Ils se digèrent mal, donnent des aigreurs d'estomac, n'ont pas de goût ou ne sont pas bons. Trop d'ail, une quantité indécente de vinaigre, trop de poivrons ou d'oignons, un mélange épais qui ne ressemble plus du tout à un gaspacho mais qui est devenu une belle purée de tomates, etc. Des gaspachos qui en fait ne vont satisfaire qu'une seule cuisinière et qu'un seul invité. Ce lien sera acceptable exclusivement entre eux deux, mais, comme recette pour un restaurant, ce serait un désastre. Il y a des gaspachos qui intoxiquent tout comme il y a des amours qui tuent. Le plus important est de découvrir ce que cherche cette cuisinière dans l'exercice de sa passion. Quelle affaire prétend-elle monter avec un tel amour ? Pourquoi investit-elle toute son énergie pour défendre un gaspacho qui de toute façon est très mauvais pour sa santé ? Parfois, il existe des éléments communs plus ou moins identifiables, des signes, au début imperceptibles, mais qui avec le temps peuvent devenir des signes d'alarme nous prévenant que nous sommes face au danger imminent d'un amour qui tourne au vinaigre.

Dieu

Au début, il y eut un dieu. C'était une mère mythique – la mère de la gestation et des premiers instants de la vie – qui nous faisait nous sentir complets. Elle se chargeait de nous faire croire qu'il ne nous manquait rien. Peu à peu, nous avons découvert que non seulement nous n'étions pas complets mais qu'en plus nous dépendions terriblement de ce dieu, pour manger, pour nous déplacer, pour survivre. De plus, nous avons vu que cette dépendance n'était pas réciproque et qu'elle, elle était autonome, qu'elle n'avait nullement besoin de nous et qu'elle pouvait à tout moment nous laisser irrémédiablement seuls, abandonnés à notre maladroite autonomie. Tout ceci nous donna un sentiment de vertige et d'horreur contre lequel nous luttons encore, sans le savoir, chaque jour, chaque minute de notre vie.

Nous venons au monde sans défense mais doté de la capacité très originale de construire des images narratives : des histoires, des mythes, des contes, des légendes, des religions, qui nous permettent de rendre plus supportable une vie qui sinon serait incompréhensible et très difficile à digérer. Pour oublier la détresse et aussi bien sûr parce que nous aimons ça, nous nous faisons des amis, nous avons des enfants, nous travaillons, nous écoutons de la musique, nous faisons l'amour, nous voyageons, nous écrivons, nous sifflons, nous regardons la télévision, nous jouons aux jeux vidéo, nous lisons, nous prions et nous chantons des chansons populaires. Pour ne pas nous sentir si seuls et à la dérive, une fois l'illusion du paradis terrestre abandonnée, nous croyons aussi en dieu.

La création d'un dieu, de n'importe quel dieu, obéit à un besoin très primitif de l'être humain de retourner à cet état imaginaire où nous nous sentions complets et dans lequel il nous semblait que nous n'avions besoin de rien, que rien ne nous manquait et que les dangers de la vie n'avaient pas de prise sur nous parce que nous étions protégés des malheurs, protégés par un être supérieur. Ainsi, l'amour pour un dieu, l'amour tout seul, nous rend l'illusion d'appartenance et de transcendance sans laquelle la vie serait réduite à une routine creuse et insensée.

Nous créons des dieux qui peuvent fixer leur résidence dans le ciel ou juste à côté de chez nous, dans l'Olympe ou dans notre propre lit. Nous pouvons nous consacrer au culte du corps, au travail, à l'argent, à l'amitié ou à ce dieu qui sera pour chacun de nous son seul véritable dieu, celui qui donne un sens transcendant à sa vie.

Si nous pensons, tout comme Simone de Beauvoir, que l'amour occupe le centre de la vie de beaucoup de femmes et que de cette façon il devient pour elles une religion, nous comprenons que l'amour transforme l'objet amoureux en un dieu, avec toutes les conséquences et les particularités que comporte la relation avec ce dieu au lieu d'une relation avec un homme.

Lorsque nous nous rendons compte de ce que signifie l'amour d'une femme pour un dieu, il nous est peut-être un peu plus facile de comprendre la disposition de certaines d'entre elles à s'immoler par amour. Parce qu'aucun homme ni aucune femme n'est suffisamment extraordinaire pour mériter un tel sacrifice, une telle souffrance, un tel dévouement.

Créer un dieu

En quoi consiste la création d'un dieu ? Selon les Saintes Écritures, c'est nous qui avons été créés par Dieu qui nous a fait à son image. En revanche, la femme crée son dieu à l'image d'un autre, d'un autre qui rappelle de manière suspecte ses « autres » plus significatifs, son père, sa mère ou peut-être le père et la mère que dans le fond elle aurait désiré avoir et qu'elle n'a pas eus.

Imaginons un moment ce que signifie être la créatrice de ce dieu. Tout d'abord, ceci doit lui procurer une sensation de pouvoir incalculable. Ainsi, la femme qui consacre son temps à transformer son homme en ce dieu a le pouvoir d'utiliser la baguette magique de son amour pour lui assigner des attributs à sa guise : « Tu seras intelligent, tu seras fragile, tu seras sensible, tu seras fort mais surtout tu seras très vulnérable et tu ne pourras pas vivre sans moi. Tu seras un dieu tout-puissant mais incapable de survivre sans les offrandes de ton esclave, de ton maître. »

Connaissons-nous réellement l'autre ou bien l'inventons-nous, le créons-nous ? Comme nous l'avons vu dans le chapitre précédent, tout le monde n'accepte pas de représenter ce rôle. Il y a ceux qui s'identifient avec cette image divine et sont enchantés de jouer le jeu : être un dieu. Ils s'ajustent à la perfection au déguisement qu'une femme amoureuse a confectionné pour eux. Il faut avoir déjà une certaine tendance à se prendre pour dieu pour s'ajuster au rôle commodément, naturellement… comme si quelqu'un méritait une situation aussi délicate que celle de Dieu. Il y en a d'autres, les plus réalistes, qui hésitent, se méfient… « Mais moi je ne suis pas comme ça ! », « Moi je ne suis pas aussi merveilleux que tu le crois ! ». Ce sont ceux qui abandonnent à regret l'éclat du piédestal parce qu'ils se sentent mieux sur la terre ferme.

Nous imaginons dieu, n'importe quel dieu, tout-puissant, assis dans les hauteurs, dans son propre nuage, il n'a même pas besoin d'une baguette magique pour montrer son pouvoir. Il lui suffit de lever l'index de la main droite pour créer et détruire, pour commander et décommander. Notre homme, notre dieu, nous allons l'imaginer donnant des ordres à travers un appareil qu'il adore : la télécommande.

La télécommande

Avec le trousseau de clés dont nous parlions auparavant, l'amoureuse offre aussi une télécommande à travers laquelle notre dieu peut contrôler son esclave sans bouger de chez lui. Si ce dieu appelle l'intéressée, s'il vient la voir, s'il est gentil avec elle, l'image qu'elle a d'elle-même sera plus nette, elle se sentira mieux et verra la vie en rose. Par contre, si son dieu disparaît quelques jours, s'il n'appelle pas, s'il ignore l'existence de l'aimée, le volume de sa propre vie diminue aussi, la vie n'a plus le même sens qu'avant, son image commence à s'estomper et peut même disparaître. Quelque chose a changé dans sa tête. Avec sa télécommande, il la fait passer en un seul clic de la vie en rose au vide le plus gris.

Le cas de Marie illustre clairement ce que j'essaie d'expliquer : Marie et Téo faisaient des projets de mariage lorsqu'un après-midi, Téo lui a avoué qu'il n'était pas prêt à faire le pas, qu'il était désolé mais qu'il préférait sa vie de garçon et, qui plus est, seul. Au début, Marie a pensé que c'était une blague. Elle ne pouvait pas y croire. Après une longue conversation, très douloureuse pour tous les deux, il s'est avéré que c'était vrai. Téo est parti et Marie a presque cru en mourir. Non, même pas mourir, mourir était pour elle un effort qui aurait été au-dessus de ses forces. Marie, simplement, ne voulait plus être là. Elle ne voulait pas être éveillée, ni endormie, ni assise, ni debout. Elle ne voulait pas manger, ni parler avec ses amies. Elle ne voulait pas s'allonger sur le sofa et regarder la télévision, elle ne pouvait pas aller travailler tant elle avait mal. Elle pleurait sans cesse. Elle en était là, mourante, en pleurs, quand Téo l'a appelée pour lui demander pardon dans une attitude évidente de reconquête et pour reprendre la relation. Le sang a afflué de nouveau au visage de Marie, elle a repris vie et a expliqué son retour à la vie d'une manière très curieuse. Elle m'a dit : « À peine ai-je raccroché le téléphone que j'ai repris goût au café au lait. Quelque chose d'aussi quotidien que le café s'était même effacé. »

La résurrection de Marie accédant de nouveau à la vie à travers le goût du café au lait sert à illustrer la disposition qu'ont certaines femmes à se livrer corps et âme aux désirs de l'amour. Des battements les plus intenses du cœur, jusqu'aux plus petits caprices gastronomiques, tout est à la merci d'une télécommande que quelqu'un d'autre contrôle. Tout allait bien pour Marie quand elle était près de Téo, tout d'un coup – clic –, la vie est finie ! Tout d'un coup – clic –, la revoilà !

La fonction « pause »

Cependant, parmi tous les registres que peut toucher cette télécommande, il me semble que le plus terrible, c'est la fonction « pause », comme lorsque nous regardons un film en DVD et que nous devons répondre au téléphone ou faire une excursion à la cuisine. Dans ces cas-là, nous appuyons sur le bouton « pause » et l'image demeure congelée, les acteurs, très aimables, attendent paralysés que nous revenions sur le sofa pour les voir. Peu importe ce qu'ils étaient en train de faire, peu importe s'ils s'embrassaient, si l'avion allait tomber en piqué ou s'il était en train de décoller. Plus personne ne bouge jusqu'à ce que nous appuyions de nouveau sur le bouton « pause » pour continuer ; alors, oui, très naturellement, tout reprend : le baiser, l'explosion ou la promenade.

Sarah est une patiente spécialiste de « l'effet pause ». Ça fait des années qu'elle vit une relation intermittente (en *off* comme on qualifie en anglais, d'une manière très graphique, ce type de relations) avec Xavier, qui est un croisement de play-boy séducteur et d'intellectuel tourmenté que pratiquement personne ne supporte, sauf Sarah. Comme dans la chanson de Jacques Brel, *Ne me quitte pas*, Sarah est devenue l'ombre du chien de Xavier. Complètement fascinée par tout ce que fait et dit Xavier, Sarah est convaincue qu'elle a découvert un trésor, elle pense qu'elle a beaucoup de chance que Xavier l'ait remarquée et se sent si heureuse qu'elle remercie et profite de toutes les miettes qu'il lui offre.

Sarah jouit, bien sûr qu'elle jouit. Sarah souffre, bien sûr qu'elle souffre. Avec le même enthousiasme, Xavier la lance au ciel, la fait descendre aux enfers quand il n'appelle pas ou quand il lui pose un lapin. Les montées et les descentes brusques donnent le vertige et Sarah a fixé sa résidence dans une montagne russe qui se remet en marche ou s'arrête sans prévenir. Quand Xavier disparaît, quand il ne l'appelle pas, s'il ne répond pas au téléphone ni même à ses messages, la vie de Sarah s'arrête comme le fait le DVD au bouton « pause ». Elle n'est plus capable de rien faire naturellement, elle a un nœud dans l'estomac qui ne la laisse pas respirer. Elle dort mal, elle pleure et elle perd l'appétit. Alors, elle remplace Xavier par une bonne dose d'anxiolytiques pour calmer un peu l'angoisse mais elle se sent mal, très mal. Parfois, elle se fâche et jure à ses amies que, cette fois-ci, c'est la dernière. Elle assure qu'elle ne mérite pas un tel traitement, que lorsqu'il la rappellera, il va voir..., etc. Jusqu'au jour où le nom de Xavier brille sur l'écran de son portable et toutes ses colères disparaissent.

C'est le moment où Xavier désactive le bouton « pause » qui maintenait Sarah paralysée. Sarah retrouve exactement l'attitude qu'elle avait congelée deux mois, trois jours, quatre heures et sept minutes avant. Il ne s'est rien passé entre la disparition de Xavier et son retour. Nous savons qu'il s'agit bien de Sarah et non pas d'un personnage de DVD parce qu'elle a un peu maigri, mais en réalité, pour elle, dans sa vie, il ne s'est rien passé entre la dernière scène et la suivante. C'est comme si Sarah n'avait pas accès à sa propre vie, parce qu'elle ne peut rien faire pour activer ni pour désactiver ce bouton « pause ». La télécommande se trouve dans les mains de Xavier. Il appuie sur un bouton et pendant ce temps il peut continuer sa vie comme si Sarah n'était pas là, comme avec le DVD du salon de la maison (il va aux toilettes, il répond au téléphone, il va prendre un verre…). Quand Xavier rappelle Sarah, il prend la voix de « il ne s'est rien passé » et il serait très surpris si elle se fâchait ou si elle répondait plus sèchement que d'habitude.

Si dans ce livre il y avait une recommandation à faire, une insinuation quant au chemin à suivre dans le tracé de cette carte compliquée que représentent la vie et les relations affectives, cette recommandation serait celle du chemin de l'indépendance et de l'autonomie, il ne faut donc pas perdre de vue ni son trousseau de clés ni la télécommande, il ne faut pas les laisser dans les mains d'étrangers… même si ces mains nous semblent merveilleuses et bien intentionnées.

Cependant, la remise du trousseau de clés et de la télécommande n'est pas la seule ni la plus essentielle. On peut aussi remettre quelque chose d'aussi personnel, d'aussi fondamental que ses propres désirs.

« Tes ordres sont mes désirs »

La vieille phrase : *Tes désirs sont des ordres* ne reflète pas en toute justice l'envergure du don que certaines femmes sont capables de réaliser. Il faudrait la modifier pour montrer jusqu'à quel point elles se donnent sans conditions. Si, par contre, on disait : *Tes ordres sont mes désirs*, la phrase décrirait d'une manière plus fidèle la situation. « Tes désirs sont des ordres » en revient à dire : « d'accord, je comprends ce que tu veux et je l'accepte, que ça me plaise ou non ; je suis disposée à te faire plaisir parce que je t'aime ». Dans cette posture, on reconnaît la différence : « Je n'aime pas, cependant, je te fais plaisir parce que je t'aime. » Le résultat sera-t-il le même ? Peut-être que oui. En tout cas, les désirs de l'aimé sont-ils réalisés ? Probablement. Cependant, dans ce cas, une certaine autonomie est conservée, et les limites de la personne aussi.

La deuxième manière de comprendre la phrase : « Tes ordres sont mes désirs » exprime une position de reddition plus catégorique. Ce serait comme dire : « Je me donne à toi, de telle manière que je n'ai plus de désirs propres ni de critères, je ne sais plus ce qui me plaît ou ce qui ne me plaît pas. Je suis disponible et j'attends que tu désires quelque chose pour que je transforme tes désirs en mes propres désirs. Alors je les réaliserai sans rien dire parce que moi-même je désirerai pour moi, comme si c'était mon propre désir, ce que tu désires. » Tout comme la soumission que manifeste l'hypnotisé à son hypnotiseur. L'autre nous a dévorés complètement. L'amour est le maître.

Mais il y a un truc dans ce genre d'amour. Ce qui a l'air d'être le pur amour, le véritable, généreux et dévoué, présente une autre facette : c'est aussi une manière de porter à l'extrême « aimer l'autre comme nous-même ». L'amante aime-t-elle l'autre ? Ou bien s'aime-t-elle elle-même à travers la grandeur qu'elle seule a inventée et qu'elle attribue à l'autre ? Quelle serait la phrase qui gouverne un agenda secret de cette nature ? Elle aime sa propre création. Elle aime chez l'autre tout ce qui était à elle ou qu'elle voulait pour elle et qui sert maintenant à doter son amour (maître) de nouvelles qualités. Tout ce qui, avant, lui permettait de se sentir fière d'elle-même appartient dorénavant à l'aimé. Elle s'aime elle-même à travers lui.

Pauvre dieu !

Nous avons tous entendu parler du pouvoir de Dieu, mais que se passerait-il si Dieu lui-même descendait de ses hauteurs pour nous demander de lui rendre un service ? Ou pour nous demander pardon en pleurant ?

Alice se rappelait en larmes le jour où Laurent l'a quittée :

> C'est lui qui me laissait mais c'était moi qui le consolais. Chaque fois que j'y pense... ça me fait rager ! Ce jour-là, c'est moi qui l'ai consolé et c'est lui qui a pleuré, le pauvre ! Lui, il me laissait parce qu'il était tombé amoureux d'une autre, et il pleurait, ce salaud-là. Bien sûr, il se sentait coupable, mais en fait, c'est lui qui pleurait et moi qui le consolais. Rien que d'y penser, ça me fout en rage.
>
> Le lendemain, lui, il était soulagé, tout était résolu ; il avait pleuré et avait déchargé sa culpabilité. Il était parti avec l'autre, il avait mis toutes les choses à leur place et la place qui me restait était la pire. Il s'agissait premièrement de le consoler et ensuite de me retrouver terriblement mal toute seule avec ma peine. Et j'ai toujours aussi mal.

Savoir qu'il s'agit d'un dieu est la seule manière de comprendre comment, alors que Laurent quittait Alice pour une autre, c'est lui qui pleurait, inconsolable, et Alice, celle qui était abandonnée, la mal aimée, celle qui était profondément blessée, faisait comme si elle était forte et devait le consoler et le comprendre.

Nous avons créé un dieu, nous avons créé un monstre. Il s'agit d'un dieu très particulier, ce dieu est tout-puissant et en même temps démuni. C'est un « enfant-dieu » parce qu'il faut le comprendre et tout lui pardonner. Parce que ce dieu, oui c'est un dieu mais il est fragile et n'importe quoi altère son humeur ou l'offense. Ce personnage que nous inventons parfois est un nouveau-né et parfois un dieu implacable, ce n'est presque jamais un homme. Parce que le pauvre dieu a eu une enfance très difficile, il est surchargé de travail, il est stressé, sa femme ne le comprend pas, ou, pire encore, elle le comprend et il ne peut donc pas la faire souffrir. Il a des problèmes économiques et on lui a brisé le cœur plusieurs fois, il ne peut avoir confiance en personne, il est un peu perdu. Il l'aime beaucoup, mais il ne peut pas s'engager pour le moment et c'est mieux pour elle, évidemment. Il sort d'une relation traumatisante et il n'est pas prêt… Il veut seulement qu'elle soit patiente et qu'elle sache l'attendre, qu'elle lui pardonne une fois de plus ses erreurs, seulement une fois… ou deux… Pauvre dieu !

Que peut dire de plus une femme qui voit ce dieu prostré, fragile, sans défense, lui demander de l'aide, son temps, sa compréhension, son pardon ? Comment pourrait-elle résister ? Comment ne pas donner à ce dieu tout ce qu'il demande ?

En apparence, la femme qui l'aime n'a aucun problème dans son travail, elle n'a pas eu d'enfance et, si par hasard elle en a eue une, ce fut une enfance merveilleuse, et si cette enfance a été dure, ça lui a servi à fortifier son caractère et à la rendre beaucoup plus forte et meilleure. Généreuse, disponible et disposée à écouter ses plaintes et comprendre les misères du pauvre dieu… De plus, elle est équilibrée et sait très bien s'occuper d'elle-même, et elle est autosuffisante, exécutive et pratique, elle sait écouter, elle pourra donc apporter une aide à ce pauvre dieu qui est complètement perdu, lui pardonner à nouveau et être un peu plus patiente.

Il me semble que les maltraiteurs sont aussi ce genre de dieux mais poussés à des extrêmes sinistres. Fragiles. Le vol d'une mouche éveille leur jalousie et leur mauvaise humeur. Ils ont une force de brute mais dans le fond ce sont des faibles. Ils ne tolèrent ni les frustrations ni l'attente. Être dieu est facile… être un mortel sujet aux va-et-vient de la vie courante est beaucoup plus compliqué.

Imaginons un cas extrême : le cas tragique de Laurent et d'Alice. Lui, il arrive à la maison et le dîner n'est pas prêt. Elle cherche à se faire pardonner et commence à le préparer. Lui, il proteste, se fâche, l'insulte. Elle ose répliquer et explique qu'il n'aura qu'à attendre une demi-heure. Lui, il ne sait pas attendre, il ne comprend pas pourquoi SON DÎNER n'est pas prêt. Qu'a-t-elle bien pu faire de plus important que de lui préparer SON DÎNER ? Ils se disputent. Il la frappe. Dans un moment de folie authentique comme celui-ci, tous les deux sont persuadés que ces coups sont justifiés. Elle, elle s'enfuit de la maison, elle demande de l'aide et arrive difficilement jusqu'à l'hôpital. Cette fois-ci, il a été trop loin. Conseillé par un parent ou par son médecin, elle ose finalement le dénoncer. Plusieurs côtes cassées et le visage défiguré l'obligent à demeurer hospitalisée. Il n'y a pas de doute, c'est elle la victime. Deux jours après, quelqu'un vient lui voler le rôle principal. Le pauvre dieu souffre beaucoup plus qu'elle et il pleure avec ferveur et se prend la tête dans les mains. Le pauvre dieu ne peut pas, ne sait pas vivre loin d'elle, demande pardon, reconnaît son erreur, promet de ne plus pécher, de ne plus frapper. Il regrette, se sent coupable. Elle, les côtes brisées et l'œil au beurre noir, vient en aide à ce dieu démuni et lui pardonne. Dieu montre son visage de bébé et elle, comme une bonne « mère », lui pardonne. Elle retire la plainte et le pauvre dieu, repenti, redevient en quelques jours le dieu tout-puissant du mois passé. Le bébé montre son visage de dieu impitoyable et recommence.

Parfois, le repentir et la culpabilité sont si forts que le bourreau se suicide. Quand je lis quelque chose sur des cas comme celui-là dans le journal, je me pose toujours des questions sur l'ordre des facteurs qui, dans ce cas, altère beaucoup le produit : pourquoi ce dieu n'a pas commencé par se suicider ?

Pour une femme mal aimée et, dans ce cas concret, battue, le spectacle d'un dieu soumis, qui demande pardon, est très émouvant ; ses larmes de culpabilité peuvent lui éviter de retourner au commissariat et cela explique pourquoi tant de femmes encore bleues de coups retirent leurs plaintes pour mauvais traitements. Il me semble que de nombreuses femmes pensent que se sentir nécessaires, c'est se sentir aimées. Quand il est infantile, il a besoin d'elle, quand il est tout-puissant, il l'aime mal.

Ne parlons pas des femmes battues. Dans le territoire des mal aimées, ça vaut la peine de ne pas perdre de vue ces pactes secrets indélébiles de force et de faiblesse, de servitude et de tyrannie. Quelque part dans cette horreur, l'esclave se sent réconfortée d'être le maître de son propre dieu, ce pauvre dieu malingre qui n'est pas capable de survivre sans elle.

CHAPITRE V

Le piédestal

Tout dieu a besoin d'un autel pour qu'on lui paie tribut et qu'on lui offre des sacrifices. Pour le construire, la mal aimée y laisse ongles et cils, s'arrache la peau en lambeaux et, avec les morceaux de sa propre chair, fait briller ce piédestal sur lequel toute seule elle a dressé son dieu.

Vous souvenez-vous de Gaëlle ? La patiente qui *ne veut qu'une relation stable.* Elle utilise d'une façon très naturelle la métaphore du « piédestal » pour idéaliser et bénir ses dieux.

Gaëlle n'a aucune difficulté à ce qu'on tombe amoureux d'elle et à tomber amoureuse elle-même. Depuis qu'elle a commencé le traitement, elle a donc déjà eu plusieurs relations. Gaëlle n'a aucune difficulté à entamer des relations de couple, ce qui est difficile pour elle, c'est d'être heureuse. Elle racontait durant une de ses séances :

> Maintenant que j'y pense, je me rends compte que j'ai dû descendre pas mal d'hommes du piédestal. L'un d'entre eux s'est même jeté dans le vide tout seul. En fait, je continue à monter et à descendre les hommes les uns après les autres.
>
> Peut-être que je devrais directement détruire

> le piédestal pour ne plus pouvoir y monter personne. S'il n'y a plus de piédestal, je n'aurai ni à les monter ni à les descendre. À partir de maintenant, toutes les relations seront d'égal à égal…

Après un silence prolongé et nostalgique, elle poursuit :

> Ce n'est pas si facile. Je dois reconnaître que moi, je me sens très bien quand j'ai un homme sur le piédestal. Aimer un homme, m'occuper de lui, le chouchouter, l'admirer et me sentir fière d'être avec lui, ça me va. Je me sens réalisée, importante.

On dirait que Gaëlle cherche des hommes qui ne sont pas très faciles ni à aimer, ni à admirer, des hommes qui ont besoin d'avoir un public, un esclave, quelqu'un qui les flatte. Elle, en même temps, se sent « réalisée et importante » dans la fonction qu'elle accomplit auprès de ces hommes. Ça me fait penser à une pile dans un jouet : elle parvient à lui donner vie. Réfléchissons un moment… Entre la pile et le jouet… lequel des deux est dieu, la pile ou le jouet ?

Le conte de la pile et du jouet

Il était une fois une pile seule au monde. Elle était très triste parce qu'elle ne trouvait pas de sens à sa vie. Elle ne savait pas qui elle était, ni comment elle était, ni dans quel but ni pourquoi elle était comme elle était. Alors, elle a trébuché sur quelques morceaux de laiton et de plastique de couleurs vives et des câbles et des fragments de verre. La petite pile avait enfin trouvé sa place dans le monde ! Maintenant, elle avait trouvé un sens à sa vie, maintenant elle savait dans quel but et pourquoi elle vivait. Et ce jouet qu'elle avait construit et qui avait tant besoin d'elle pour respirer était la chose la plus importante de sa vie et elle était prête à tout pour lui parce qu'il était devenu sa raison d'ÊTRE.

La petite pile, d'ailleurs, s'appelait Mlle Frankenstein, seule créatrice d'un être extraordinaire.

Imaginons un jouet dans sa boîte aux formes séduisantes et aux couleurs attirantes… mais inerte, incapable de faire briller ses charmes tout seul. La pile, par contre, pleine d'énergie, est toute prête à remplir le jouet de vie ; elle arrive à ce que ce tas de plastique bouge, parle, marche, allume ses lumières et qu'il agisse comme s'il était une voiture de Formule 1 ou un clown. Mais cette pile si fière d'elle devant le jouet est très peu de chose sans son tas de plastique et de métal. Elle serait un cadavre inutile, pleine de possibilités, oui, mais seulement un cadavre jusqu'à preuve du contraire, jusqu'à ce que son existence soit justifiée en s'unissant avec un autre être auquel elle pourra donner vie.

Aucun des deux – ni le jouet ni la pile, ni l'idole d'argile ni sa mal aimée – n'est rien l'un sans l'autre, la fusion avec l'autre, c'est ce qui leur donne la vie. Leur rencontre provoque des situations très curieuses ; l'un d'eux – celui qui fait le jouet dans le jeu – sera celui qu'on voit, celui qui attire l'attention, celui qui est beau, celui qu'il faut admirer ; ce sera celui qui sans aucun doute sera perché sur le piédestal. L'autre – généralement elle – se maintient cachée dans l'anonymat. Cachée, elle prend soin de dissimuler son importance et sa valeur. Cette phrase si répétée : « derrière un grand homme il y a toujours une grande femme », est une autre façon de dire la même chose. La mal aimée, la pile, la femme dans l'ombre, a aussi besoin de cette place pour survivre, bien que pour nous, vu de l'extérieur, ça nous semble horrible. Ce n'est pas une place imposée, c'est une place qu'elle-même a choisie bien qu'elle ne soit pas consciente de l'avoir fait, parce que cette place lui permet de se sentir indispensable et puissante, puisque comme on le sait, pour se sentir vraiment indispensable, il faut trouver quelqu'un de plus nécessiteux que soi, un timide ou un incompétent, par exemple. C'est bien mieux que cette situation de vide, d'inconsistance, que vivait la petite pile perdue avant de construire et de donner vie à son homme, à son monstre, à son dieu.

C'est ce qui peut expliquer qu'une femme soit disposée à passer sans cesse par le même supplice, bien qu'elle ait souffert de mauvais traitements et d'abandon.

Entre jouet et pile, dieu et servante, idole et mal aimée, un équilibre très particulier s'établit que Hegel a déjà décrit dans sa conceptualisation de la dialectique du maître et de l'esclave. Dans cette relation de dépendance extrême, le maître ne devient-il pas l'esclave de son esclave ? Ça me rappelle le film de Joseph Losey, *The Servant*, qui recrée la situation de dépendance du maître face au majordome d'une manière inquiétante : un jeune aristocrate anglais prend à son service un majordome. Le majordome devient de plus en plus indispensable pour son maître, il en arrive à dominer complètement sa vie. L'intrigue se complique avec des amours, des passions et des désamours jusqu'à ce que le majordome parvienne à ce que son maître se prosterne devant lui, s'humilie, littéralement soumis, à ses pieds. Qui commande ? Qui a le plus besoin de qui ? Les relations de pouvoir dans un couple ne sont pas linéaires et encore moins évidentes.

Séparation de biens et de maux

Quand Michèle et Ludovic se sont séparés, ils ont fait les comptes et se sont réparti les biens et les maux à parts égales. Chacun sa part. Ils ont divisé le butin de la vie en commun, et à la suite de ce partage ni l'un ni l'autre ne s'est retrouvé aussi petit ni aussi grand qu'ils l'avaient un jour imaginé.

À l'époque où ils vécurent ensemble, celui qui officiellement était déprimé, c'était Ludovic ; c'est lui qui passait ses week-ends dans le sofa à regarder la télévision, qui s'ennuyait tout le temps, celui qui regardait les matchs de football, celui qui n'avait pas d'inquiétudes, qui n'avait envie de rien. Michèle, par contre, était la joie du foyer, elle était drôle, prédisposée à tout, elle organisait toujours des sorties intéressantes avec des amis. Quand ils se sont séparés, c'est Michèle qui a pris la décision. Il s'est passé une chose très curieuse. Tout le monde s'attendait à ce que Ludovic s'écroule et que Michèle, libérée de la charge qu'on supposait être pour elle son compagnon, sortirait triomphante et pleine de vitalité de cette relation. Ça a été dur pour Ludovic au début mais, peu de temps après, il avait rencontré quelqu'un d'autre, probablement une autre « super-femme », prête à lui injecter toute son énergie. Michèle, quant à elle, dans un premier temps, s'est sentie soulagée, libérée. Après quelques mois d'euphorie et de sexe à New York, à Albacete et dans les toilettes d'un restaurant… elle s'est déprimée comme elle n'avait jamais pensé que ça pouvait lui arriver. Quand l'illusion est tombée et que la scène est apparue en pleine lumière telle qu'elle était, Michèle est venue me consulter pour chercher de l'aide. Nous avons compris que dans le partage, en plus des assiettes et des couverts, des propriétés, des photos et des livres, chacun a eu droit à sa dose de mélancolie, de vide et elle aussi est passée par une très grande dépression. L'absence de Ludovic l'a obligée à faire face à ses propres deuils, à toucher le fond, à se sentir inutilisable, perdue dans un tiroir comme une pile inutile. Ludovic lui avait servi à cacher sa propre dépression. Près de lui, elle pouvait incarner le personnage « vitaliste » de l'histoire. Loin de lui, ses propres peines étaient à nu. Tout au long du traitement, Michèle non seulement s'est remise de sa tristesse mais elle a aussi trouvé en elle des raisons pour vivre par et pour elle-même.

CHAPITRE VI

Les péchés capitaux

Est-ce de l'amour ou non ?

Dans certains livres consacrés au thème de l'amour et aux relations amoureuses, j'ai pu lire : « Ce que tu sens, ce n'est pas de l'amour, c'est de la dépendance », « Ça, ce n'est pas non plus de l'amour, c'est de la passion », « Tu ne l'aimes pas, tu es accro », « Ça, ce n'est pas de l'amour, ça s'appelle du masochisme ». De telles affirmations me font toujours réfléchir… Est-ce de l'amour ou non ? Si ça ne l'est pas, alors qu'est-ce que l'amour ? Qui le sait ? Si nous dépouillons de tous ses attributs ce sentiment qui nous envoûte et nous bouleverse et qui nous donne des couleurs et nous coupe le souffle, que reste-t-il ? Sûrement une sorte de tendresse grise, politiquement correcte, mais fade, très fade.

Dès que nous découvrons que nous ne sommes pas seuls au monde, toutes nos relations, toutes, quelles qu'elles soient, amoureuses ou pas, que ce soient des relations de couple ou non, sont teintées de dépendance. Nous dépendons de la femme de ménage, du marchand de journaux, du mécanicien qui nous monte la roue de la voiture et de l'esthéticienne qui n'a pas d'heure disponible pour s'occuper de nous cet après-midi ; et eux aussi dépendent de nous. Le fait que ce lien existe implique une dépendance réciproque. Pour que l'échange soit possible, les deux rives ont besoin d'un pont. S'il n'y a pas de dépendance, il n'y a pas de relation et donc pas d'amour.

Et la passion ? Je crains que sans passion, il n'y ait pas d'amour. Il y aura de la tendresse, de la tolérance, de la convenance, de la résignation mais quelque chose chez l'autre doit nous passionner pour maintenir en vie cette relation. Il semble que quand nous parlons de passion, nous ne fassions référence qu'à la passion sexuelle mais le corps de l'autre n'est pas toujours la seule chose qui nous passionne. La passion charnelle est la plus répandue, celle qui a la meilleure presse mais aussi la pire, la plus saine, la plus osée mais pas l'unique. Nous pouvons éprouver de la passion pour l'autre grâce à son intelligence, sa sagesse, son charme, sa manière de nous aimer, ses qualités de père, son sens de l'humour, sa capacité de dévouement ou son compte en banque… n'importe quoi mais un quelque chose qui va au-delà de l'habitude doit rester présent en permanence.

D'autre part, sans un certain degré de dépendance envers l'autre, sans une certaine nécessité de respect envers lui, nous ne serions pas capables de nous pardonner certaines choses. Nous devons avoir besoin l'un de l'autre au-delà des convenances et de la bonne éducation pour nous lever chaque matin près du même être sans avoir envie de partir à toutes jambes. D'ailleurs, sans une certaine dose de masochisme, nous ne pourrions pas oublier notre nombril, notre intérêt exclusif pour nous-mêmes, pour regarder l'autre, pour l'accepter dans toute la splendeur de sa différence.

La vie en commun, toute vie en commun, demande

la capacité de s'oublier soi-même, d'attendre, de pardonner. On a besoin d'une dose homéopathique de masochisme pour vivre en société et tolérer cet étranger que nous avons à nos côtés dans le métro, ou bien quand nous faisons la queue pour aller au cinéma, dans notre travail et dans notre lit ! D'ailleurs, les normes d'urbanité et d'éducation sont une manière de systématiser cette mise à l'écart obligatoire de notre propre narcissisme.

Dans une certaine mesure, il faut être disposé à souffrir. Plus rien ne sera comme avant. Nous ne sommes pas seuls au monde, maintenant il y a quelqu'un d'autre qui nous concerne, un autre sur qui veiller, un autre dont nous devons prendre soin, un autre qui peut partir et nous abandonner. Ses préoccupations professionnelles s'ajouteront aux nôtres, de même celles de sa santé. Cet autre se préoccupera aussi pour nous, il nous apportera également son intérêt pour les choses importantes de notre vie, son attention, sa complicité, en définitive, son amour. J'ai l'impression que former un couple, ça consiste plus ou moins à former une équipe.

La passion débordante du début, l'effet hypnotique de l'amour initial cède et il doit céder au nom de la relation, à cause de la relation et en faveur de la relation. L'amour désespéré est destiné à mourir ou à tuer. Ou il meurt dans les bras du quotidien ou il tue l'amoureux à force de souffrance et d'angoisse. Chacun réagira d'une façon différente devant ce changement de caractère de la relation, devant cette mort imposée par la routine.

Aimer quelqu'un d'autre suppose dépendance, masochisme, sacrifice et passion. Mais, comme nous l'avons vu dans le chapitre sur le coup de foudre, il s'agira de quantité comme dans le cas du gaspacho. C'est dans l'excès que se trouve le péché.

Les péchés capitaux

Les péchés capitaux – ceux que tout le monde connaît – sont ceux auxquels la nature humaine, dans sa faiblesse, est encline. Nous, les humains, par le simple fait d'être humains, nous sommes faibles, égoïstes, portés par exemple à désirer ce que d'autres ont (*l'envie*), à nous irriter profondément quand nous ne parvenons pas à nos objectifs (*la colère*), à vouloir nous accaparer la plus grande quantité de biens (*l'avarice*), ou à laisser pour demain ce que nous devrions faire aujourd'hui (*la paresse*). Ces péchés méritent la dénomination de capitaux, non pas pour leur magnitude, mais parce qu'ils sont à l'origine de beaucoup d'autres péchés. Chaque péché capital offre une vertu pour le combattre ; ainsi, par exemple, à l'orgueil s'oppose l'humilité, à la gourmandise, la modération, et la paresse se dissipe avec la diligence. Ça, c'est ce que dit le catéchisme.

Dans notre cas, nous appellerons péchés capitaux les faiblesses du couple qui provoquent obligatoirement la souffrance et qui laissent présager l'échec de la relation. Il ne s'agit pas d'un problème moral, ce n'est pas que ce soit mal de se comporter de telle ou telle manière, mais ces « péchés » sont une bien mauvaise affaire pour laquelle on paie un prix trop élevé.

Tout au long de mon activité clinique, j'ai connu quelques modèles de fonctionnement du couple, qui indéfectiblement conduisent à l'échec de la relation et à une souffrance inconcevable. Détecter ces péchés devrait être comme un signal d'alarme, comme un coup de sifflet qui prévient l'usager que quelque chose ne va pas, comme ces lignes blanches des autoroutes qui « crient » quand une voiture passe dessus – comme si elles avaient mal – pour prévenir que quelqu'un dépasse les limites. Sur la carte que nous traçons, ces péchés servent d'avertissement pour celui qui s'avance sur un terrain dangereux.

Il y a bien sûr des modalités infinies de relations, chaque couple écrit une histoire qu'aucun autre couple ne pourrait plagier, mais il y a de grands péchés qui entraînent avec eux leur punition. Il s'agit d'une classification arbitraire, comme toutes les classifications, mais elle a l'avantage d'être graphique et de permettre ainsi une identification claire.

J'ai réussi à identifier quatre péchés capitaux : la soumission, l'inconstance, la dépendance et l'imposture.

Le péché de la soumission se réfère aux cas où la disposition au dévouement efface les propres limites. Le « soumis » se perd, se dilue dans l'autre. Avec le péché de l'inconstance, je me réfère à ces relations *on-off*, qui finissent et recommencent sans cesse une fois encore et encore une autre, dans l'espoir qu'un jour ce sera la bonne. La dépendance – caractéristique largement traitée par de nombreux auteurs – décrit les personnes qui, malgré leur immersion dans des relations désastreuses qui font surtout souffrir, ne sont pas capables de se séparer ; et, si elles se séparent, elles reviennent humiliées à la recherche de leur « dose » de mauvais traitements. L'imposture décrit ces « Femmes-Cendrillon », qui auprès de leur compagnon ne peuvent pas être telles qu'elles sont, des femmes qui se sentent examinées par un prince qui leur fait essayer sans cesse la chaussure de cristal pour voir si le pied s'ajuste ou ne s'ajuste pas à ses attentes.

Tous ces péchés ont leur explication, leur pourquoi, leur visage mais ils ont aussi l'autre face de la monnaie, c'est-à-dire leur calvaire et, comme on le sait, chaque péché porte sa pénitence sous le bras.

Comme il arrive avec les péchés courants, ces péchés ne s'excluent pas entre eux. Ainsi, de la même façon qu'on peut simultanément mentir et convoiter la femme du prochain, voler et tuer en même temps, ne pas honorer son père et sa mère et commettre des actes impurs, ces péchés peuvent aussi se superposer. Il est très fréquent de pécher en même temps par soumission et inconstance ou par imposture et dépendance, par inconstance et dépendance.

CHAPITRE VII

La soumission

Où est Alice ?

Alice a toujours le dernier mot : « Pardon, je suis désolée », « Je te comprends », « Ne t'inquiète pas », « D'accord, c'est bien », « Ça ne m'arrivera plus », « Ça n'a pas d'importance, je ne vais pas en tenir compte ».

Alice est la meilleure amie de toutes les amies. Elle est toujours prédisposée à rendre service, à aider les autres, à courir chercher ce dont l'autre pourrait avoir besoin, à écouter les plaintes de tout le monde sans jeter de l'huile sur le feu. Elle arrive à réconcilier les situations objectivement irréconciliables. Alice est un modèle de civilité au féminin. Elle sait ce qu'il faut dire, quand il faut le dire et sur le ton qu'il faut le dire. Elle sait ce qui est correct, incorrect, ce qu'il faut dire dans chaque situation. Juste ce qu'il faut. Alice sait exactement comment traiter les autres mais jusqu'à maintenant elle n'a jamais réussi à ce qu'un homme la traite comme il faut.

Alice vient consulter car elle est de plus en plus angoissée et elle ne sait pas ce qui lui arrive. Elle n'est pas à l'aise dans sa vie mais elle ne sait pas pourquoi. Il lui semble que sa relation avec Laurent ne va pas bien et elle ne peut pas comprendre pourquoi cette relation n'est pas parfaite car elle fait tout ce qu'il faut pour qu'elle le soit.

L'histoire qu'elle me raconte est à peu près la suivante :

Un homme rencontre une femme, ils tombent follement amoureux l'un de l'autre et commencent à sortir ensemble. Laurent est absorbant et il veut être avec Alice toute la journée. Elle est amoureuse et elle veut être avec Laurent toute la journée. Ils passent les week-ends ensemble, seuls, dans la maison qu'il a à la montagne. Laurent aime se détendre en regardant la télévision, Alice préfère le cinéma mais ce n'est pas un problème de rester à la maison si elle est avec Laurent. Maintenant qu'ils passent leurs week-ends à la montagne, ils ont moins l'occasion de voir leurs amis. Laurent n'a pas beaucoup d'amis et Alice accepte de ne pas voir les siens si c'est pour être avec Laurent. Laurent préfère les femmes aux cheveux courts et Alice accepte de se faire couper les cheveux. Après tout, dès qu'elle voudra, elle pourra les laisser pousser de nouveau. Alice s'habillait avec des vêtements moulants, d'une manière un peu provocatrice que Laurent n'aimait pas beaucoup. Alice a donc changé de look. Car en fait, après tout, elle s'habillait sûrement comme ça parce qu'elle cherchait un copain, mais maintenant qu'elle l'a... Alice est toujours disponible, elle n'a jamais rien de plus important à faire que d'être avec Laurent, ni d'autres relations, ni envie d'autres choses, ni d'opinions différentes de celles de Laurent. Laurent lui a dit quand ils sont tombés amoureux : «*Je te veux toute à moi, je te veux seulement pour moi*» et Alice l'a pris au pied de la lettre et elle s'est transformée en une femme faite d'une matière si malléable qu'elle permet à Laurent de la modeler à son goût.

Alice a donc fini par oublier ce qu'elle aime et ce

qu'elle n'aime pas. Elle ne sait plus comment elle aime la viande, si elle l'aime rouge ou trop cuite. Mais après tout, elle a fini par aimer n'importe quoi n'importe comment. Elle est comme ça, très complaisante. Avec cette philosophie du « mais après tout… », Alice s'est éloignée de la famille, des amies, des études et surtout d'elle-même. Elle a perdu sa forme, ses contours, ses traits semblent effacés… Où est Alice ? Elle est devenue creuse, remplie d'air, vide pour que Laurent puisse la remplir à son goût.

Durant le traitement, nous avons découvert qu'Alice n'était pas consciente de tous les changements subtils qu'elle avait réalisés elle-même pour plaire à Laurent. Dès le début de son histoire d'amour, on pouvait voir que dans l'esprit d'Alice les limites de l'un et de l'autre n'étaient plus très nettes. Dans ce cas, on ne pouvait pas vraiment parler de mauvais traitements, ni de harcèlement, ni de pression. Alice a perdu ses contours sans s'en rendre compte. Personne ne pourrait dire que Laurent ait exigé quelque chose d'Alice. Lui, il demande et elle, elle donne. Pourquoi ne continuerait-il pas à demander ? Alice est devenue, naturellement, inconditionnelle de Laurent. C'est venu tout naturellement. La soumission d'Alice n'est pas une obligation ; elle est congénitale et elle la met en pratique dès qu'elle en a l'occasion et avec n'importe qui : au travail, avec ses amies et avec sa famille. Mais avec Laurent, il lui semblait que c'était plus justifié.

Laurent, quant à lui, ne réclame plus, au contraire, il commence à protester parce que Alice l'assomme. La distance juste, commode entre eux deux, semble impossible à trouver. Laurent se sent assailli par les soins excessifs d'Alice, mais Alice ne peut pas s'éloigner, même un tant soit peu, car cette petite distance lui fait croire que Laurent pourrait l'effacer de sa vie et l'oublier.

Je me rappelle un incident qui illustre clairement le type de relation qui existait entre Alice et Laurent : Alice a insisté plusieurs fois sur le fait qu'elle s'ennuyait pendant les week-ends, toujours pareils, avec Laurent. Elle lui en avait parlé mais son attitude restait toujours la même. Laurent répondait avec obstination « c'est à prendre ou à laisser » et rien n'avait changé. Pendant les séances, on voyait l'incapacité absolue d'Alice à faire un geste autonome comme, par exemple, sortir faire un tour avec une amie un dimanche après-midi au lieu de rester plantée devant la télévision. En fait, les temps étaient durs pour leur vie de couple. À cette époque, une collègue d'Alice se mariait et ses amies avaient organisé une fête pour enterrer sa vie de jeune fille. Il s'agissait d'aller passer un week-end à la campagne. Alice ne savait pas quoi faire. Laurent préférait qu'elle n'y aille pas.

— Et vous qu'est-ce que vous voulez ? lui ai-je demandé.

— Moi, je ne sais pas… J'ai envie d'y aller mais je n'ose pas.

J'ai écouté cette phrase avec attention. Elle n'ose pas ? On « n'ose pas » faire quelque chose de dangereux ou quelque chose qui est interdit mais un week-end à quelques kilomètres de chez elle avec des amies ? C'était si risqué ? En quoi consistait l'audace ?

— De quoi avez-vous si peur ? ai-je demandé.

Elle est restée quelques minutes silencieuse à réfléchir, puis elle a commencé à pleurer et finalement elle a dit :

— De m'amuser. J'ai peur de m'amuser et de pouvoir me passer de Laurent et que lui puisse se passer de moi. J'ai peur de me rendre compte que je suis mieux sans lui qu'avec lui.

En fait, Laurent non plus n'était pas heureux de cette situation. Paradoxalement, plus elle lui était dévouée corps et âme, comme il semblait le lui demander, plus cette Alice, attentive et toujours aux petits soins, devenait pour Laurent de plus en plus fade, de plus en plus assommante et de moins en moins séduisante. Quant à elle, même si elle ne se sentait pas capable de faire autrement, elle ne se sentait pas non plus séduisante vis-à-vis d'elle-même. Elle ne se plaisait pas. Alice avait perdu Alice et elle ne savait pas où aller la chercher. Elle ne se rappelait plus où elle s'était oubliée ni la dernière fois qu'elle s'était vue. Et pour couronner le tout, durant ses séances, elle a découvert que rendre Laurent heureux ne lui assurait pas son propre bonheur et qu'en plus, malgré tant de sacrifices, son comportement était loin de rendre Laurent heureux.

C'était devenu une relation insoutenable. Un beau jour, la mort dans l'âme et lui souhaitant tout le bonheur du monde, Laurent l'a abandonnée pour une autre femme. Quand ils se sont séparés, Alice a cru en mourir. Pendant longtemps elle s'est sentie vide, sans but, déboussolée, sa vie n'avait plus aucun sens. Elle était toujours prête à prendre forme auprès de Laurent, comme l'argile. Sans lui, elle devenait amorphe, dévitalisée.

Après de longs et douloureux mois de deuil, elle a commencé à s'en sortir, elle a repris contact avec ses amies, elle a repris ses études, elle a laissé pousser ses cheveux, elle est retournée au cinéma et a remis ses jeans serrés et un jour, de nombreux mois après la séparation, elle m'a dit au cours d'une séance :

> Il me manque, je sais que c'est absurde, mais il me manque encore. Mais ce qui est bien dans

> tout ça, c'est que maintenant je ne me manque plus à moi-même.

Cette phrase d'Alice, qui semble rhétorique, un simple jeu de mots, a représenté pour elle un véritable triomphe. Après avoir été si longtemps perdue, elle était sur le bon chemin. Elle s'en était sortie et maintenant elle pouvait compter sur elle-même ! Sinon sur quoi peut-on vraiment compter ?

Un péché aux nombreuses adeptes

Pourquoi la soumission est-elle un péché qui a tant d'adeptes ? Pour comprendre comment fonctionne cette propension au sacrifice, nous devons revenir sur nos pas et nous rappeler, tout d'abord, la maternité. Selon l'évolution, la femme doit être préparée à s'oublier elle-même, oublier tout ce qui l'intéresse pour pouvoir s'occuper de ce petit tyran qu'est le bébé. Alors, pourquoi ne peut-elle pas mettre en pratique cette capacité ? Dans quelles circonstances est-il préférable de se sacrifier et quand est-ce que ça ne l'est pas ? Une piste : si le bébé a une moustache, c'est un péché.

Pensons aussi à la dialectique du maître et de l'esclave ou au conte de la pile et du jouet. L'avantage que suppose pour la petite pile de sentir qu'elle est la seule capable de donner vie à ce jouet est indéniable ; pensons à ce dieu que chaque Alice crée pour sa consommation personnelle, à ce pauvre Laurent qui fait de son esclave son maître !

Quand j'écoute ces femmes extrêmement serviables, sacrifiées, qui sont toujours prêtes à secourir autrui même si l'on ne le leur demande pas, qui ne se contentent pas de bien faire leur travail mais qui font en plus « les devoirs » de l'autre, etc., je les imagine avec une petite cape de « Super Alice » ou de « Super Maé » ou de « Super Laurence ». Une cape imperceptible mais efficace, qui les magnifie elles-mêmes et les transforme en « Super héroïne », « Super femme », « Super amie »... Sous la faiblesse se cache le fantasme de la force, sous le dévouement, le désir de pouvoir... Une bien triste force, un pouvoir périmé, une très mauvaise affaire, un mauvais péché.

Si le péché de la soumission consiste à désirer être une « Super personne », la pénitence consiste à l'estomper et à se perdre soi-même. Le seul chemin de retour est alors de se retrouver.

Les propres limites s'estompent progressivement et graduellement et cela devrait fonctionner comme un signal d'alarme. La soumission n'est pas une vertu mais un péché. Certains signes, tel un sifflement, peuvent aider à reconnaître le danger. La mal aimée devrait se demander, par exemple : depuis quand ne fais-tu plus ce qui te plaisait avant de l'avoir connu ? Te rappelles-tu les trois dernières choses que tu n'aies pas faites pour lui plaire ? Te rappelles-tu les trois dernières choses que lui n'ait pas faites pour te faire plaisir ? Es-tu capable de faire des projets toi-même avec des amies ou avec des collègues ? « Oserais-tu » faire quelque chose d'inoffensif si ton Laurent n'était pas d'accord ?

De nouveau, et au risque de paraître têtue, j'insiste : nous n'avons rien d'autre que ce que nous sommes. Peu ou beaucoup, quoi qu'il en soit, c'est la seule chose que nous ayons. Il est pourtant vrai que « connais-toi toi-même » est un travail qui peut nous prendre des années. Alice s'était perdue elle-même à tel point que c'était pour elle toute une aventure de se retrouver. Maintenant, une fois qu'elle sait qui elle est, le travail suivant sera de ne plus se perdre.

CHAPITRE VIII

L'inconstance

Un jour c'est oui, un jour c'est non

> On dirait que je vais toujours être là quoi qu'il fasse. Rien de ce qu'il fera ne sera suffisamment douloureux pour que je le laisse. Parce que, chaque fois que je le laisse, je reviens. Je ne vais jamais m'éloigner de lui. Et si je le fais, je reviendrai.

C'est comme ça que Sarah décrivait sa relation avec Xavier. C'était une relation orageuse, terrible. Personne ne pouvait s'expliquer ce que faisait une fille comme elle avec un monsieur comme lui. Les disputes sans motif se succédaient. Xavier l'avait choisie comme seule responsable de cette situation : quel privilège ! Elle devait s'excuser et regretter ce qu'elle avait fait et ce que Xavier lui avait fait. Sarah avait une logique plutôt surprenante pour l'expliquer :

> Comme beaucoup de couples qui se répartissent les tâches ménagères – elle repasse et lui, il fait les courses –, nous, nous répartissons les tâches du couple, c'est-à-dire que c'est toujours moi qui dois demander pardon.

Sarah et Xavier ne s'entendaient vraiment pas. Xavier ne perdait pas une occasion de se fâcher ou de disparaître. Et elle, elle avait un caractère suffisamment fort pour ne pas supporter n'importe quoi. Parfois, Sarah se sentait comme une valeur soumise aux fluctuations de la Bourse ; ses cotations montaient et baissaient arbitrairement et sans explication devant Xavier. C'était surprenant de voir que cette Sarah qui dans d'autres circonstances était une femme décidée, exigeante et même parfois insupportable, celle-là même qui était capable de revendiquer ses droits et de faire des scènes monumentales à Xavier, devenait une petite fille craintive quand elle ne le voyait pas pendant quelques jours. Quand il s'éloignait d'elle, elle ne voulait qu'une chose, c'est qu'il revienne, à n'importe quel prix, elle oubliait la dispute et demandait pardon sans bien savoir pourquoi.

Xavier disparaissait très souvent sans prévenir. Plusieurs fois, c'est elle qui l'avait quitté définitivement parce qu'elle n'était pas disposée à tolérer certaines choses. Peu importe la raison pour laquelle il partait ou pour laquelle elle se fâchait, un jour ou l'autre, Sarah finissait par l'appeler ; lui, il répondait et sur le chemin mouvementé et lumineux de la réconciliation, tous deux revenaient s'installer dans leur enfer.

Le lendemain d'une de ces multiples réconciliations, Sarah m'a raconté :

> Je crois que je n'ai jamais baisé comme hier soir. Ça a vraiment valu la peine. La rupture, ces deux mois horribles où je croyais que j'allais mourir, l'humiliation d'avoir appelé alors que j'avais juré que je ne voulais plus rien

savoir de lui. Tout ce qu'il m'avait fait souffrir, je l'ai oublié dès que je l'ai vu. Je suis sur un nuage. C'est la meilleure chose qui me soit arrivée dans ma vie. Je suis de celles qui préfèrent la passion à la routine. Xavier me fait souffrir mais les autres me faisaient mourir d'ennui. À partir de maintenant, quoi qu'il arrive entre nous, ça m'est égal, c'est justifié. Après la nuit que nous venons de passer ensemble, je peux mourir demain, j'ai déjà vécu le meilleur moment de ma vie.

Aucun argument rationnel ne peut lutter contre les arguments convaincants d'une réconciliation passionnée. L'excitation débordante des retrouvailles balaie toutes les bonnes résolutions et surtout la mémoire. Si Sarah était morte le lendemain en pleine euphorie, le corps comblé, son visage éclairé d'un frais sourire, elle n'aurait pas dû passer par les tourments qui l'attendaient deux semaines plus tard. Bien que cette situation soit la photocopie exacte de situations antérieures, elle n'était pas capable de s'en souvenir ni d'en prévoir le dénouement. Elle préférait être disposée à mourir d'amour, telle Juliette, que de reconnaître qu'en réalité elle prenait le triste chemin de devenir une Ophélie méprisée.

Mais il y avait quelque chose dans cette relation qui compensait : la passion des retrouvailles, l'excitation que produisait l'incertitude, la peur de tout perdre et le triomphe de tout posséder. Ce sont les ingrédients qui maintiennent vivante une relation qui ne peut pas passer par l'épreuve de la routine. Le péché de l'inconstance jouit et souffre des rigueurs d'un parc d'attractions émotionnel : un jour, le train fantôme plein de monstres terrifiants ; le jour suivant, le château féerique et son monde de fantaisies, où l'on voit tout en rose ; peu après, le jardin des horreurs avec ses tortures et ses bêtes sauvages ; et toujours et encore, la montagne russe avec ses brusques montées et ses descentes vertigineuses, son émotion et cela pour le prix d'un seul ticket et avec la même personne !

Les amies de Sarah, qui préféraient la terre ferme, voyaient très clairement que cette relation était une relation maladive et qu'elle rendait Sarah malade. C'était difficile pour elles de comprendre leurs réconciliations. « Mais tu avais dit que tu l'avais quitté ! » lui disaient-elles. « Pourquoi n'en profites-tu pas pour en finir une fois pour toutes ? » « Pourquoi essayer de nouveau, si c'est évident que cela ne va pas marcher ? »

Après tout, peu importe si ça avait foiré chaque fois. Sarah était persuadée, chaque fois, que celle-là, c'était la bonne et qu'ils seraient enfin heureux. En plus, quand un des deux prononçait les mots magiques : « Moi, je t'aime », cela démontrait scientifiquement que la relation serait un succès.

Durant le traitement de Sarah, nous avons compris, entre autres, le pourquoi de sa disposition inconditionnelle à s'approprier culpabilités et erreurs. Si Sarah était coupable de la dispute, elle aurait « l'obligation morale » de revenir et d'être la première à appeler. C'était une bonne manière de limiter l'attente. Si elle était responsable des problèmes et des maux de la relation, alors, elle avait aussi entre les mains la possibilité de la guérir. Avec un peu plus de bonne volonté, avec un peu plus de patience et beaucoup de foi, en y mettant un peu plus de sa part, en améliorant son caractère, elle, elle pourrait arriver à faire fonctionner les choses correctement.

C'était une grande responsabilité mais c'était elle qui tenait la barre.

Le plus difficile pour Sarah a été de reconnaître l'autonomie de Xavier, ses limites et ses incapacités qui n'avaient rien à voir avec elle-même. En se heurtant aux limites de Xavier, Sarah se heurtait à ses propres limites, frontières infranchissables qu'elle ne pouvait pas ignorer. C'était comme si l'attitude de Xavier lui disait : « Quoi que tu fasses, il n'y a plus rien à faire, nous sommes arrivés jusque-là. » « Nous avons buté contre le mur de l'église, Sancho. » Et quand quelqu'un bute contre le mur de l'autre, il bute aussi sur son propre mur, parce que le mur de chacun est aussi le mur de l'autre. Là où l'autre ne peut plus, toute tentative externe est inutile.

Douloureusement, avec horreur, Sarah a découvert que, quand bien même elle pardonnerait, quand bien même elle serait disposée à tout donner, et même plus que tout, il y avait quelque chose qui ne dépendait pas d'elle, ni de sa bonne volonté, ni même de son immense amour pour lui. Xavier était Xavier. Xavier avait sa propre histoire, ses propres codes pour gérer sa vie. Cette manière à lui d'aimer, cette manière de réagir et non pas une autre ; ça, c'était Xavier. Et elle ne pouvait rien y faire. Ce n'est pas que Xavier ne l'aimait pas ; mais c'était sa manière à lui d'aimer.

Demander des poires à l'orme

Sarah avait transformé le vieux proverbe espagnol : On ne peut pas demander des poires à l'orme par : « Je sais que c'est mieux de ne pas demander des poires à l'orme mais… si moi je… ? » Elle transformait ainsi la misère de l'impuissance humaine en une vague promesse pleine de possibilités. *L'orme est-il responsable du fait qu'on lui demande ce qu'il n'a pas ?*

Pendant son traitement, Sarah a compris qu'elle demandait des poires à l'orme et elle a aussi découvert que ça ne l'amenait à rien. De cette manière, elle était toujours sûre d'être insatisfaite et de se plaindre d'une chose pour laquelle il n'y avait aucun remède. « Quel manque de considération ! Cet orme ne veut même pas me donner de poires bien que ça fasse des années que je lui en demande avec tant d'amour ! » Ou la promesse stérile : « Foi de Sarah, cet orme me donnera des poires. Peut-être pas aujourd'hui, peut-être pas demain, mais moi, je peux y parvenir ! »

Sarah a compris qu'elle pouvait demander des conseils à ses amies, lire un livre qui lui montrerait le chemin du bonheur, ou continuer sa thérapie, mais toutes ces alternatives avaient quelque chose en commun : elles ne pouvaient que lui servir à elle seule. Xavier serait toujours Xavier et c'est elle qui devait décider si cette relation valait la peine ou pas.

Ils en étaient là quand ils se sont séparés de nouveau et, pour la première fois, elle a décidé de ne rien faire. Elle n'allait pas l'appeler, ni chercher à le voir, ni lui envoyer de message. Elle était curieuse de savoir ce qui se passerait si elle ne bougeait pas. Si Xavier l'appelait, elle répondrait mais cette fois-ci elle ne ferait pas le premier pas. Elle allait attendre et c'est ce qu'elle a fait : elle a attendu et attendu et attendu… Xavier s'est évaporé, il s'est dissipé comme s'il n'avait été qu'un mirage. Sarah n'a jamais plus rien su de lui…

Jusqu'à ce qu'elle se rende compte que ce silence était la seule chose qui lui restait de Xavier, elle a vécu une époque très douloureuse, la plus douloureuse de toute sa vie. Elle a souffert l'indicible. À partir de cette expérience si douloureuse, elle a compris pourquoi lors des autres ruptures, elle avait fait le pas, l'avait appelé et avait repris la relation. Elle a compris que la peur qu'il ne revienne pas était complètement justifiée. La disparition de Xavier l'a amenée à revoir la relation sous un autre angle et à se poser des questions qu'elle n'aurait même pas osé énoncer auparavant. Ça a été difficile de découvrir qu'elle s'était enferrée dans un mensonge qui lui a coûté très cher. Elle ne pensait plus pouvoir s'arrêter un jour de pleurer.

Elle s'est arrêtée de pleurer. Elle a mis du temps mais elle s'est arrêtée de pleurer et elle s'en est remise. La dernière fois que je l'ai vue, elle était encore toute seule mais elle sortait avec d'autres hommes. Elle avait encore peur, elle avait peur de se tromper de nouveau. La vie lui donnait d'autres opportunités et cette fois-ci elle voulait prendre son temps pour choisir. Pour elle, c'était clair. Elle savait ce qu'elle voulait et elle n'allait pas accepter n'importe quel arbre même si cet arbre lui donnait beaucoup d'ombre et la soulageait de sa peur et de sa solitude.

Les montagnes russes

Maintenir en vie l'extase de l'amour en passant des disputes aux retrouvailles, tombant ainsi dans le « péché de l'inconstance », ça se paie très cher.

Pour recommencer sans cesse une histoire d'amour avec la même personne, il faut être disposé à souffrir chaque fois autant. L'angoisse de l'incertitude : « *Combien de temps va durer l'idylle cette fois-ci ?* » La répétition inexorable des ruptures. L'agonie obstinée de l'attente. Les abîmes : « S'il ne m'appelle pas aujourd'hui, j'en mourrai. » La menace continuelle de la rupture définitive : « Et si c'était vrai que cette fois il m'abandonne pour toujours ? » Ce sont là des phrases propres à la souffrance. Les autres phrases, celles des retrouvailles et de la réconciliation (« La meilleure baise de ma vie », « Cette fois-ci, ça marchera », « Ça vaut la peine de lutter pour cet amour passionné »), sont celles qui font penser que la souffrance vaut la peine et que tout est justifié.

La seule manière de ne pas souffrir les rigueurs des brusques descentes consiste à renoncer à l'émotion des remontées et à abandonner les montagnes russes. Une relation qui « doit nécessairement » finir, une relation qui « doit nécessairement » reprendre, est une relation malade. C'est une relation qui est en unité de soins intensifs. Il est probable que c'est grâce au calvaire des ruptures qu'elle se maintient et grâce à l'émotion des retrouvailles. Une relation soumise à des ruptures successives et à des réconciliations n'est pas une relation : c'est un péché. Un péché dont le plaisir consiste à maintenir vivante l'émotion d'« un nouvel amour, une nouvelle illusion » mais toujours avec la même personne et au prix d'une souffrance assurée, exagérée.

CHAPITRE IX

La dépendance

Parfois l'amour tyrannise, intoxique comme une drogue, crée une dépendance et provoque un syndrome d'abstinence accompagné d'angoisse, d'insomnie, de perte d'appétit, de nausées, d'oppression dans la poitrine et une terrible tristesse quand on n'a pas près de nous l'objet dont on dépend ! Voilà comment la relation avec l'autre se transforme en dépendance.

Bien entendu, cette idée de l'amour vécu comme une dépendance n'est pas neuve. Il existe une riche bibliographie sur la dépendance de l'amour et des spécialistes de différentes disciplines ont voulu la décrire, l'expliquer, la comprendre. Des neurologues, des psychiatres, des psychologues, des sociologues, chacun d'eux a apporté et apporte sa contribution. Quant à moi, je commenterai un cas de mon expérience clinique où l'on pourra voir clairement les effets du « péché de dépendance ».

ANNE ET MARC

Anne avait une quarantaine d'années quand elle s'est présentée dans mon cabinet pour demander de l'aide. Je l'ai trouvée très maigre, elle flottait dans ses vêtements de marque qu'elle semblait avoir empruntés. Elle avait sans doute beaucoup maigri en peu de temps. C'était la première fois qu'elle consultait un professionnel et elle était nerveuse. Elle a décrit ses symptômes : elle était angoissée, inquiète, elle se sentait incapable de se concentrer dans son travail, elle souffrait d'insomnies qui perturbaient sa vie quotidienne depuis des semaines. Certaines phrases revenaient dans son récit :

« Je ne sais pas ce qui m'arrive », « Moi, je suis bien avec Paul, mon mari », « Je ne comprends pas », « Mon mari et mes enfants sont toute ma vie », « J'aime mon travail », « J'ai des enfants merveilleux », « J'aime beaucoup mon mari ». J'ai remarqué qu'en si peu de phrases elle avait insisté sur le fait qu'elle aimait beaucoup son mari et je lui ai donc dit :

— Parlez-moi de votre relation avec votre mari.

Elle a commencé à pleurer.

Ils sont mariés depuis dix ans. Ce n'est pas une relation très passionnée mais ils s'aiment beaucoup et s'entendent bien. Ils ont deux enfants de sept et cinq ans. Ils ont la même profession, ce qui leur permet de s'entraider dans leur vie professionnelle. C'est tout ce qu'elle a pu me dire de Paul et de leur relation. Immédiatement après, elle m'a raconté ce qui en vérité la faisait souffrir et l'avait poussée à venir me voir.

Il y a six mois, Anne a reçu un courriel qu'elle n'attendait pas. Marc, cet homme qui avait divisé sa vie, avait obtenu son adresse électronique et lui avait envoyé un message inoffensif. Elle ne savait plus rien de lui depuis douze ans. Ils avaient vécu une relation très orageuse et durant une de leurs ruptures elle avait rencontré Paul. Pendant un certain temps, elle avait hésité entre les deux. Le fait que Marc soit incapable de faire face à la situation l'a finalement aidée à choisir. Elle s'est mariée avec Paul et elle n'a plus entendu parler de Marc jusqu'à ce courriel qu'il venait de lui envoyer. Sa vie avait tellement changé durant toutes ces années et puis elle se sentait si bien qu'elle a pensé que le revoir n'aurait aucun effet sur elle. Ils se sont donné rendez-vous pour prendre un café.

Marc est allé la chercher parce qu'il avait besoin de lui dire qu'elle était la femme de sa vie, qu'il s'en était toujours voulu de l'avoir laissée s'échapper, que durant ces douze années, il avait pensé à elle chaque jour et qu'il ne se pardonnait pas de l'avoir perdue. Ça avait été la pire erreur de sa vie – lui avait-il dit – et il était prêt à tout pour la récupérer. Anne, en l'écoutant, s'était sentie très flattée par ses paroles mais elle a eu peur de revenir à la même situation, de croire aux mêmes promesses que le temps emporte. Elle a eu peur, oui, mais sa peur est arrivée trop tard, elle est arrivée quand elle avait déjà commencé à le croire.

Elle m'explique comment elle ressent la même chose qu'il y a douze ans :

> J'allais vous dire : « J'ai peur de retomber » mais je suis déjà retombée. Non, pire encore : c'est exactement comme avant. Comprenez-moi bien, ce n'est pas que je me rappelle clairement ce qui s'est passé il y a des années. C'est que douze ans se sont écoulés et aujourd'hui je sens exactement la même chose que ce que je sentais alors. Je n'ai pas besoin de me souvenir, je le vis. J'ai peur. Il m'appelle, il m'écrit des messages et j'attends ces courriels et ces appels comme si c'était ma bouteille d'oxygène. Comme avant. Comme si le temps n'était pas passé.

Depuis le premier café, Anne vit accrochée au téléphone portable. Elle le regarde fixement, le retourne, le secoue pour qu'il crache ce message de Marc que le petit appareil a caché dans un coin de sa mémoire… Le message arrive. (Selon Anne, la littérature universelle perd des millions de lettres d'amour « d'une immense beauté ! ».) Elle attend le signal des messages de Marc avec la même anxiété qu'une amoureuse du XIXe siècle attendait le facteur. Pour elle, c'est la même éternité qui s'écoulait entre les lettres des amoureux au XIXe siècle que celle qui s'écoule entre le SMS qu'elle envoie et celui qu'elle reçoit.

La clandestinité

Peu à peu, elle m'a révélé les détails de sa relation avec Marc. Quand ils se sont connus, il était marié et avait deux filles, et elle, elle était célibataire. Leurs rencontres étaient splendides, sporadiques et passionnées et le sexe n'était pas la seule chose qui les unissait. Il existait une confiance qui leur permettait de tout se raconter, de s'entraider, et surtout de rire. Ils se sentaient très bien ensemble, ils partageaient le sens de l'humour et ils pouvaient se montrer l'un à l'autre sans craindre de se sentir jugés ou critiqués. Aucun des deux n'avait jamais eu une relation si complète et si satisfaisante. Il était évident qu'ils étaient faits l'un pour l'autre. Tout était simplement parfait. Parfait jusqu'à ce que sonne l'heure de la fin de la rencontre et, brusquement, ils devaient revenir à la réalité. « Cinq minutes de plus », mendiait-elle mais Marc ne pouvait pas se permettre ce délit : perdre la notion de l'heure. Un baiser de plus, le dernier, encore une étreinte, la dernière, un autre rendez-vous marqué sur le calendrier pour survivre. Comment retourner à leur vie, si le plus important se passait dans cette petite chambre impersonnelle avec un lit, une salle de bains, sans fleurs ni photos ? Entre une rencontre et la suivante, la respiration d'Anne était soumise à l'effet « pause ».

Mais cette situation était transitoire parce qu'il était écrit qu'ils seraient ensemble pour toujours. Il fallait juste attendre que Marc trouve le moment opportun pour faire le pas. Ses filles étaient encore toutes petites, sa femme souffrait d'un trouble de la personnalité, elle n'avait pas beaucoup d'amies et elle n'était pas capable de conserver un travail stable. La pauvre ! Il ne pouvait pas la laisser seule, la mettre à la rue d'un jour à l'autre. Il avait besoin d'un peu plus de temps.

Anne a souffert, l'un après l'autre, les tourments de l'attente. Elle a appris à connaître parfaitement le vocabulaire de la clandestinité et ses sempiternelles répétitions : « Viens, maintenant ! », « Je ne peux pas parler », « Seule l'habitude nous unit, je reste avec elle à cause de mes filles », « Cette semaine, je ne peux pas te voir », « Crois-moi, ça fait des mois que nous faisons chambre à part », « Aujourd'hui, je dois partir avant », « Ne m'appelle pas à cette heure-là », « Je ne vais jamais te laisser tomber », « Sois patiente », « Aie confiance en nous », « Attends-moi », « Crois en moi », « Aide-moi ! ».

Évidemment, cette relation a été rythmée par des ruptures et des réconciliations réitérées. Et voilà Anne et Marc plongés dans le « péché d'inconstance ». À chaque rupture, Anne s'enfonçait dans un marécage de désolation dont elle n'était pas capable de sortir. Son moral était au plus bas et sa vie n'était suspendue qu'à un fil, le fil téléphonique. « *Un seul de tes mots suffit à me guérir* », pensait-elle alors qu'elle attendait que le téléphone sonne. « *Un seul de tes mots suffit pour me tromper*», se disait-elle à elle-même quand elle recommençait à croire à ses promesses.

Marc aimait, certainement, beaucoup Anne mais il l'aimait mal. Il ne mentait pas quand il lui demandait pardon et lui jurait un amour éternel. C'est sûr qu'elle lui manquait, qu'il était malade quand il ne la voyait pas. Mais qu'il tombe malade ou qu'il guérisse, qu'il lui manque ou qu'il lui fasse des promesses, ne l'engageait en rien envers elle. Lui, ne se sentait pas obligé de donner : au contraire, on ne le voyait que disposé à demander. C'était Anne qui devait prendre en charge ce dont il avait besoin : temps, patience, compréhension…

Anne ne tenait pas compte des faits et moins encore de ses propres besoins, pas plus que de la relation confinée qu'il lui faisait vivre dans l'ombre. Elle n'écoutait que les mots de Marc et, si Marc disait « Tu me manques », tout était dit. Anne n'avait rien à objecter ni à ajouter. N'importe quel geste de Marc suffisait pour qu'elle proclame un « Oui, je veux » solennel, pathétique et unilatéral que personne ne lui demandait et auquel elle seule était engagée : dans la pauvreté et dans la richesse. Dans la santé et dans la maladie.

Après douze ans de silence, quand ils se sont retrouvés pour prendre ce café, tout était encore intact entre eux. Le désir, la passion, et la complicité. Rien n'avait changé dans la dépendance d'Anne et quand elle reprit goût à Marc, elle est redevenue accro avec la même intensité qu'alors… Elle, avec quelques années de plus, avec des enfants, avec un mari qu'elle aimait… Lui, avec quelques années de plus, avec la même femme, les mêmes filles, la même litanie de promesses que tant de fois il n'avait pas tenues. Lui, enfin, avec la même étiquette collée sur le front « DANGER ! ».

« Je peux arrêter ça quand je veux ! »

Mais cette fois-ci elle ne risquait rien. « Des années se sont écoulées et plus rien ne sera comme avant », « Maintenant, ce sera différent, parce que j'ai une vie, un mari et des enfants que je n'avais pas avant », « Je suis beaucoup plus adulte et cette histoire avec Marc est loin ». Ces phrases lui ont servi d'alibi pour se leurrer et pouvoir voir Marc. Le problème, c'est qu'Anne répond dès la première bouchée de Marc comme le font les alcooliques sobres avec une seule goutte d'alcool : ils sont ivres.

Et le « mal amour » est comme le bon whisky : il trompe. Dès que la première gorgée calme le symptôme d'abstinence, que les mains arrêtent de trembler, que la sueur et les frissons du manque abandonnent le corps, apparaît la certitude innocente : « je peux arrêter “ça” quand je veux ! », « Je contrôle », « Un jour, n'importe quand, dès que je le déciderai, je peux le quitter… » Et tant d'autres promesses insoutenables…

Anne a vécu avec cette conviction les premiers mois des retrouvailles. Et voilà comment elle était maintenant, défaite, consciente de ses propres limites, assise dans mon cabinet, comme elle irait à une clinique de désintoxication. Elle aurait pu commencer son entretien avec moi comme ça : « Je m'appelle Anne et je suis accro de Marc. » Anne venait chercher de l'aide pour reprendre sa vie en main.

Nous avons commencé un traitement de deux séances par semaine. Au début, Anne ne parlait que de Marc. Ils se sont revus, ils ont repris la relation et même si tous deux parlaient de se séparer de leurs conjoints respectifs, aucun des deux ne faisait aucun mouvement concret pour y parvenir.

Ils se sont séparés une fois de plus et j'ai pu assister en direct au processus des retrouvailles. Les messages de Marc suivaient une trajectoire définie : après quelques semaines de silence, il envoie un message. N'importe lequel. C'est le message précis qu'Anne attendait pour vivre. Elle répond. Un peu sèche, mais elle répond. Alors, il l'appelle. Anne laisse sonner le téléphone mais à la fin elle répond. Sèche, mais elle répond. Marc lui dit combien elle lui manque. Anne le croit. Sèche, mais elle le croit. Après « ce qu'il lui a fait vivre », c'était clair, très clair, qu'elle n'allait plus jamais le revoir. Mais lui, il insiste, elle, sèche, très sèche, elle « résiste ». En peu de mots, Marc arrive à la convaincre qu'ils vont seulement se voir pour parler de ce qui s'est passé et Anne pense le rejoindre, elle est indignée, elle a beaucoup de choses à lui réclamer et beaucoup de points à mettre sur les *i*. Fâchée, sans trop y croire, distante et sèche, très sèche, Anne va au rendez-vous. Dès qu'elle sent Marc, elle fond, elle l'aime et est prête à croire n'importe quelle promesse… Le jeu entre eux reprend sur la case qui dit « *Essayons de nouveau* ».

Alors qu'Anne s'accrochait et se décrochait de Marc, comme il fallait s'y attendre, la relation avec Paul, son mari, allait de mal en pis. Sans savoir pourquoi, Paul avait remarqué qu'Anne était absente, distraite, comme dans son monde. Ils en ont parlé plusieurs fois mais la situation ne s'améliorait pas et Paul ne voulait pas maintenir une relation comme celle-là. Il lui a proposé de se séparer. Anne se sentait très mal à cette époque-là. La présence de Paul dans sa vie était une constante qu'elle croyait définitive et l'idée de s'imaginer loin de lui l'horrifiait. C'est à ce moment-là qu'elle a su à quel point elle l'aimait.

Le traitement avançait et peu à peu une autre

Anne a commencé à émerger dans le cabinet, une femme qui avait des idées au-delà de Marc et de Paul : la mère de Jean et de Thomas est apparue, la professionnelle sagace, l'amie, la petite sœur d'une famille de quatre sœurs, leur mère qui s'occupait du seul homme de la maison : papa. Une femme est apparue qui prenait plaisir à cuisiner, elle préparait d'authentiques mets pour sa famille et ses amis et c'était aussi une passionnée de cinéma. Dès que la véritable Anne a été plus présente, il y a eu moins d'espace disponible pour adorer Marc et elle a commencé à le voir d'une autre manière, presque comme un homme ordinaire. Marc n'était plus un dieu. D'autre part, l'attitude distante de Paul a permis à Anne de le voir lui aussi d'une autre manière. Elle a commencé à valoriser sa présence et à jouir de ce que lui, il lui donnait.

Je peux vous assurer qu'à aucun moment du traitement je n'ai pris parti pour l'un deux, comment aurais-je pu le faire ? Qui aurait pu savoir quel était le meilleur choix pour Anne ? Mon objectif n'était pas de lui montrer quel était l'homme qui lui convenait le plus, lequel lui offrait les meilleures prestations comme s'il s'agissait d'une voiture ou d'une machine à laver. Ce n'était pas à moi non plus d'adopter une posture morale du style : « L'adultère n'est pas bien. » L'important était de comprendre ce qui arrivait à Anne, où se trouvait-elle dans cet imbroglio ? Ma seule fonction était de l'aider à grandir de façon à ce qu'elle puisse décider et choisir librement ce qu'elle voulait faire de sa vie de femme adulte et non pas de la petite fille qui de façon permanente était poussée à entrer en compétition avec ses sœurs pour le trophée d'un papa qui était toujours avec une autre (comme Marc qui était aussi toujours avec d'autres, sa femme, ses deux filles…). Anne, qui était la plus petite des quatre sœurs et qui s'était toujours sentie perdue au milieu du harem de filles qui entouraient son père, avait réussi à retourner la situation familiale et maintenant, au lieu d'être « une fille de plus », elle était l'unique femme au milieu de ce harem composé d'un tas d'hommes qui la réclamaient : Paul, Marc, ses fils Jean et Thomas, son chef…

La thérapie a eu différents effets sur Anne. La relation avec Marc s'est terminée. Elle a reconnu ses propres limites et a décidé de ne plus le revoir. Elle a eu un avancement dans sa vie professionnelle et de ce fait avait plus de travail. La relation avec ses enfants, qui exigeaient chaque fois plus d'elle, était devenue bien meilleure.

En même temps, elle essayait de remonter la crise que traversait sa relation avec Paul bien que cette situation ne soit pas du tout définitive. Le sera-t-elle un jour ?

Anne ne s'est pas présentée dans mon cabinet pour choisir entre deux hommes mais pour prendre sa vie en main. Elle voulait tenir les rênes de sa vie et choisir la direction qu'elle allait suivre aussi librement que le lui permettrait sa condition d'être humain. Anne a récupéré sa propre télécommande. L'autonomie qu'elle a récupérée non seulement lui a été utile sur le terrain affectif par rapport à Marc, mais elle est devenue aussi plus indépendante et plus sûre d'elle-même sur le terrain professionnel, ce qui n'a pas tardé à donner ses fruits.

Quand une femme s'attache inexplicablement à une relation qui la rend malheureuse, qui ne la satisfait pas ou qui n'a aucun futur, il faut penser qu'il s'agit du péché de dépendance. Elle a perdu le contrôle et elle se voit contrôlée par un besoin qui la dépasse et sur lequel elle n'a pas de volonté. Le péché consiste à parier sans cesse, comme les joueurs qui ont cette certitude aveugle : « Cette fois, je vais gagner », « Avec un peu plus de patience », « Si j'essaie ». On parie sur une promesse et non pas sur une réalité. Les promesses normalement se ressemblent : « Cette fois, tout va changer », « Nous serons ensemble », « Je ne serai plus infidèle », « Je ne te maltraiterai plus ». La punition que ce péché entraîne est l'humiliation et la souffrance ; l'incapacité même de gouverner sa propre vie.

« Non au premier café ! »

Comme dans toutes les drogues, commencer à reconnaître sa propre faiblesse est la rémission du péché : « Je suis accro à mon Marc et je me sens incapable de me gouverner toute seule face à lui. » Le pas suivant est l'abstinence. Si les alcooliques disent : « Non au premier verre », les femmes accros à un « mal amour » devraient dire : « Non au premier café ! » Ce premier café est le plus dangereux. Il y a toujours des alibis, des excuses pour prendre ce premier verre ou ce premier café ; ce sont des pièges, des raccourcis, qui, dans toutes dépendances, conduisent directement à la douleur.

Après l'abstinence, comme toujours, les retrouvailles de la femme avec elle même, devenir son propre maître, l'obligera à remplir le vide que laisse l'alcool ou l'amour, les amphétamines ou les retrouvailles, avec des émotions plus légères mais plus sûres. La récompense, c'est tenir les rênes, détenir les clés et la télécommande de sa vie.

CHAPITRE X

L'imposture

ISABELLE

Quand je dis que les hommes nous aiment mal, je me réfère aussi à ces amours pleines de malentendus qui ne sont pas dirigées à qui elles semblent dirigées ; ces amours où les hommes donnent l'impression de beaucoup aimer une femme merveilleuse, la femme qu'ils ont dans la tête mais qui n'a pas grand-chose à voir avec la femme en chair et en os qu'ils ont en face d'eux.

Il y a longtemps, j'ai eu une patiente que nous appellerons Isabelle. Elle était mariée et elle travaillait comme interprète dans des congrès médicaux. Quand elle est venue me voir, elle souffrait d'une dépression post-partum. Elle venait d'avoir sa première fille mais elle se sentait incapable de s'occuper d'elle ; elle était persuadée que, quoi qu'elle fasse, elle se tromperait. Elle était mariée avec Henri, un homme plus âgé qu'elle et avec lequel elle s'entendait bien. Elle se sentait aimée et chouchoutée par son mari même si elle éprouvait une certaine sensation d'incommodité qu'elle ne pouvait identifier.

Elle disait qu'avec lui, elle se sentait « fautive ». « Je ne sais pas, je me sens maladroite, peu sûre de moi, j'ai peur de mal faire les choses. » Henri, qui était plus âgé qu'elle et avait aussi plus d'expérience, se comportait comme un adorable Pygmalion qui aimait « éduquer » Isabelle. Par exemple, avant de sortir avec ses amis, sa famille ou bien des collègues de travail, Henri soumettait Isabelle à une inspection implacable, bien qu'à peine perceptible. Mais ce n'était rien de vraiment exagéré, ni de vraiment désagréable : « Chérie, rappelle-toi que pour boire ton verre de vin, tu dois lever le coude de la table », « Tu vas mettre cette robe... ? Non, elle te va bien mais tu n'as plus quinze ans », « Attention à ce que tu dis ce soir, ces gens-là n'ont pas vraiment le sens de l'humour et ils ne vont pas comprendre tes blagues ».

Avec de tels commentaires, Henri modelait Isabelle à son goût. Isabelle disait qu'elle n'y attachait pas beaucoup d'importance mais elle ne parvenait pas à surmonter un sentiment d'incapacité, comme une certaine crainte de se tromper, de faire une gaffe, de ne pas être à la hauteur. Quand leur fille est née, cette situation s'est accentuée. Il était difficile de savoir si Henri s'occupait de sa fille ou s'il surveillait Isabelle. Il supervisait chacun de ses gestes : comment elle la prenait dans ses bras, comment elle lui donnait le sein, comment elle la changeait, comment elle la couchait. Isabelle se rappelle, indignée, le jour où son mari l'a laissée seule un week-end avec leur fille pour la première fois et lui a dit : « Montre-moi, je veux voir comment tu prépares le biberon pour vérifier si tu le fais bien... » Quand Isabelle a protesté, il lui a expliqué : « Chérie, ne te mets pas dans tous tes états, reconnais que tu es tête en l'air et que moi, j'ai les pieds sur terre. Normalement, ça m'est un peu égal que tu sois distraite mais je ne veux pas que la petite ait à en souffrir ».

Isabelle continuait à me raconter des détails. Moi,

je ne pouvais pas éviter de penser que sa dépression post-partum n'avait été que l'explosion d'une bombe à retardement qui était amorcée depuis déjà très longtemps.

Nous avons commencé à chercher depuis quand et, évidemment, nous sommes remontées à son enfance. Isabelle est l'enfant unique d'un couple âgé marqué par les avatars de la guerre civile espagnole. Quand elle est née, la situation économique de la famille était précaire. Son père était concierge d'un immeuble dans un beau quartier de Madrid. Cette situation apparemment anodine a engendré de sérieuses contradictions chez Isabelle. Née dans une famille modeste, cette « petite fille pauvre » avait grandi entourée de « petites filles riches » et, ne pouvant accéder à leur niveau social, elle les admirait et les enviait. Pour éviter que cette différence ne la marque – grâce à l'aide et à la protection d'une dame âgée fortunée qui vivait au troisième étage –, les parents firent un grand effort pour qu'Isabelle puisse étudier dans le même collège que ses amies. Cette situation, destinée à effacer les différences, les accentuait la plupart du temps. Avec ses amies, elle se sentait « empruntée », mal à l'aise, incapable, maladroite. Ce qu'elle ressentait dans sa vie quotidienne avec Henri lui rappelait beaucoup cette situation de son enfance.

Le « fake »

Isabelle aimait beaucoup son métier et elle était parvenue à en connaître toutes les ficelles. Elle dominait trois langues dont l'anglais qu'elle parlait couramment, l'ayant étudié très jeune dans un collège bilingue. Durant ses séances, elle faisait rarement référence à son travail ou au contenu des traductions qu'elle réalisait. Cependant, un jour elle m'a dit :

> Je voudrais vous parler de quelque chose qui va vous paraître ridicule. Aujourd'hui, j'ai fait un lapsus. Ça n'a duré qu'une seconde et je crois que personne ne s'en est aperçu mais c'est déjà la troisième fois que ça m'arrive, toujours avec le même mot. C'est bizarre, n'est-ce pas ? Je voulais vous le raconter parce que vous trouverez sûrement une explication. Le mot « fake ». C'est un mot que je connais parfaitement. Selon le sens de la phrase, ça peut vouloir dire « faux », « imposteur », « faire semblant », « falsifier ». En tout cas, il doit m'arriver quelque chose avec ce petit mot-là parce que dès qu'il apparaît dans une phrase, il m'échappe.

Toutes les deux, nous avons fouillé dans le tiroir de son enfance et nous avons trouvé une explication au lapsus. Effectivement, « *fake* » était un mot clé dans la vie d'Isabelle. Un mot qui condensait son histoire, son drame. Être ou ne pas être, le simulacre permanent, l'imposture comme une façon d'être dans le monde. Le déguisement comme première peau, et la crainte constante d'être découverte.

Pendant cette séance, Isabelle s'est rappelé et a compris la fascination qu'elle avait pour Cendrillon quand elle était toute petite et elle s'est rendu compte, plus tard, qu'elle sentait la même attirance pour des personnages cinématographiques similaires tels que *My Fair Lady, Working Girl* ou *Pretty Woman*, des cendrillons modernes, des femmes déguisées, des imposteurs qui se sont fait passer pour ce qu'elles n'étaient pas. Enfin, ses héroïnes préférées étaient des reines du *fake*.

Alors qu'elle parlait avec enthousiasme de Cendrillon et qu'elle « théorisait » sur l'importance qu'avait ce personnage pour certaines femmes, quelque chose lui est passé par la tête qui a dévié son attention. Quelques secondes de silence se sont écoulées et elle a commencé à pleurer. Quand elle a repris le fil de ses pensées, elle m'a expliqué qu'elle pleurait parce qu'elle venait de se rappeler un épisode de son enfance qu'elle avait complètement oublié et dont elle avait encore du mal à parler après tant d'années.

> Quand j'étais petite, je ne me sentais jamais à mon aise, comme si je n'étais pas à ma place. Au collège, je pouvais passer inaperçue parce que nous portions toutes le même uniforme. Par contre les week-ends, mes amies portaient de jolis vêtements et moi, je portais les vieux vêtements dont elles ne voulaient plus, qui souvent étaient déteints ou trop petits pour moi. Je me souviens d'un dimanche comme si c'était aujourd'hui. Nous étions à la messe, je devais avoir huit ans et je portais une robe bleue avec des broderies blanches – je la vois encore –. La petite fille à qui appartenait la robe m'a vue et a commencé à protester à haute voix, devant tout le monde, et a reproché à sa mère de m'avoir donné cette robe qu'elle aimait encore. Ça a été horrible. Je ne me suis jamais sentie aussi mal de ma vie. Je me sentais comme Cendrillon quand ses sœurs lui arrachent la robe et qu'elle ne peut pas aller à la fête. Comme elle… mais sans fée marraine. Cet après-midi-là, ma mère a dû aller rendre la robe à la petite fille. Je me rappelle encore que je suis tombée malade, j'imagine que c'était de rage et de honte. Je me souviens très bien que cette semaine-là, je ne suis pas allée au collège.

Une vie bilingue

Isabelle avait non seulement étudié dans un collège bilingue mais elle avait toujours eu aussi une vie bilingue. Sa profession de traductrice n'était pas un choix fortuit, elle s'était arrangée pour pouvoir vivre dans deux mondes ; celui de l'anglais et celui de l'espagnol, celui « des riches » et celui « des pauvres », celui des « jeunes têtes en l'air » et celui des « adultes responsables », pères et mères de famille. Elle maîtrisait tous les codes et passait d'un registre à l'autre sans s'en rendre compte. Elle avait appris à compenser les différences des deux côtés. Elle paraissait être intégrée de la même manière dans chacun des mondes qu'elle habitait même si, en fait, elle n'appartenait vraiment à aucun des deux. Elle payait pour ça un prix très élevé : sentir que sa vie était un pur artifice, un *fake*, que la plus petite distraction pouvait la mettre en évidence et qu'elle devait soigner le moindre détail parce que la supercherie pouvait être découverte au moment le plus inattendu. Quelqu'un, un dimanche, à la messe, pouvait la dénoncer et lui arracher son déguisement.

Nous avons compris que ce n'était pas à cause de la maternité qu'elle ne se sentait nulle part à sa place et cela n'avait même pas commencé avec Henri. Il est vrai que notre Isabelle avait rencontré chez Henri l'homme « parfait », capable d'incarner ce personnage dont elle avait besoin pour représenter sans cesse les deux facettes de son histoire infantile. Son péché, c'était de rêver qu'elle surpassait toutes les autres femmes ; c'était d'être, elle, proclamée princesse ! La punition de ce péché, c'était de toujours se sentir déguisée et de vivre dans la crainte constante qu'à tout moment, les douze coups de minuit puissent sonner, que quelqu'un puisse venir lui arracher son déguisement et la réduire en cendres.

La découverte du *fake* nous a ouvert de nombreuses portes. Le traitement d'Isabelle a eu sans aucun doute des résultats positifs et ce fut émouvant de la voir émerger des cendres de son rôle de Cendrillon pour chausser ses propres chaussures, et se glisser dans des « costumes faits sur mesure », comme toute femme intelligente et ingénieuse. Son mari a été très déconcerté par ces changements, il ne comprenait pas qu'elle soit si tranquille et il en est arrivé à penser qu'Isabelle avait une autre relation. Ils ont traversé une crise importante et ils ont même pensé se séparer. Puis, ils ont réussi à surmonter ce moment difficile. Henri continue à essayer de tenir le rôle de Pygmalion (nous le savons, « c'est dans sa nature »), mais désormais Isabelle ne se prête plus au jeu d'essayer la chaussure et de s'adapter aveuglément aux suggestions de son mari, ni à celles de ses amies, ni à celle de sa mère, ni à celle de sa chef, ni aux miennes.

En tout cas, Isabelle est l'exemple même d'une femme qui n'est pas sûre d'elle-même, qui ne sait pas qui elle est, qui doute de sa propre valeur et qui sent qu'elle doit faire des efforts et se déguiser pour plaire. Cependant je connais d'autres cas moins dramatiques où la chaussure finit par devenir inconfortable. Je me rappelle, par exemple, Christine, une amie qui drague très facilement. Un jour, elle m'a raconté qu'elle avait rencontré un homme génial, un photographe intelligent, intéressant et un peu bohème avec qui elle était heureuse. Ils riaient beaucoup, c'était un magnifique interlocuteur, ils avaient de bonnes relations sexuelles et, enfin, même si aucun des deux n'était parfait, il semblait qu'ils se suffisaient l'un à l'autre. « Je suis sûre que, cette fois-ci, les choses vont marcher ! » m'a-t-elle dit.

Quelques mois plus tard, quand je l'ai rencontrée de nouveau, elle m'a raconté qu'ils s'étaient séparés. Je n'ai pas compris. Pourquoi ? Si tout allait si bien ? Elle m'a expliqué que son prince était photographe à temps complet : de temps en temps il la regardait et il lui semblait qu'un de ses sourcils était un peu plus étroit que l'autre. Que, d'un seul coup, il lui avouait qu'elle lui plaisait beaucoup de la ceinture vers le haut mais que de la ceinture vers le bas… Que parfois, il la regardait et il avait l'impression qu'elle avait pris un peu de poids… en plus, l'index de sa main droite avait une forme très curieuse… et ainsi de suite. Christine, avec son photographe, ne pouvait pas être une femme en chair et en os, avec ses hauts et ses bas, avec ses lumières et ses ombres. Elle se sentait continuellement observée à travers un téléobjectif implacable qui recueillait toutes ses imperfections. L'amant photographe ne se contentait pas de refléter avec sa caméra la réalité qu'il voyait, mais, en plus, il passait son temps à jouer avec elle au Photoshop, à la retoucher : un peu plus par-ci, un peu moins par-là, enlevons ce grain de beauté, illuminons cette partie et mettons un peu plus d'ombre sur celle-là…

Personne n'aurait pu dire que ce photographe n'aimait pas Christine parce que ce n'était pas un manque d'amour, au contraire, il l'aimait vraiment et c'est pour ça qu'il désirait ce qui était soi-disant le mieux pour elle, qu'elle soit parfaite ! C'était un amour si exigeant ! Christine trouvait humiliant et surtout épuisant de vivre sous l'objectif d'un microscope comme celui-là. Elle a découvert à temps qu'il était impossible qu'un pied humain s'ajuste à cette chaussure de verre si implacable et au lieu de lui faire plaisir et de passer par la chirurgie esthétique, elle a pris une autre décision : elle lui a demandé de choisir entre la chaussure de verre ou le pied. Lui, il a choisi la chaussure et elle, elle a choisi le pied. C'est ainsi que, très triste mais vraiment soulagée, Christine l'a quitté. De cette époque avec le photographe, il lui reste quelques mauvais souvenirs, un bon ami et… des photos magnifiques !

Mais, pour en revenir à Cendrillon, combien d'entre nous n'avons-nous pas rêvé lorsque nous étions petites de ce déguisement ? Qui n'a pas dansé un jour en titubant avec les chaussures de maman ? Qui n'a pas joué à se maquiller comme elle et à mettre ses colliers ? Qui n'a pas voulu être la plus intelligente, la plus belle ou la plus riche de la classe ? Qui n'a pas rêvé de s'endormir dans le rôle de Cendrillon et de se réveiller Princesse ? Nous jouions alors à être d'autres, différentes, grandes, meilleures… Nous jouions tout simplement, ce qui, en fait, est la manière la plus saine et la plus naturelle de faire semblant, de tromper, de rêver éveillées. Et maintenant, déjà adultes, combien d'entre nous ne rêvons-nous pas encore que quelqu'un vienne nous découvrir et révèle la véritable merveille qui se cache derrière notre apparence ordinaire ? Et en même temps, qui n'a pas senti un jour la crainte que sonnent les douze coups de minuit et que le charme se brise ?

Le syndrome de Cendrillon

Le personnage de Cendrillon et ses multiples facettes exercent une véritable fascination sur les femmes de trois à soixante-dix-huit ans. D'ailleurs, *Cendrillon* est le conte de fées traditionnel le plus connu. Bruno Bettelheim, psychanalyste viennois résidant aux États-Unis, a consacré une partie de son œuvre à l'étude des contes de fées et, selon lui, l'importance du conte repose sur le fait qu'il concerne de la même façon les petits garçons et les petites filles : la rivalité entre les frères et sœurs.

D'après moi, *Cendrillon* est la mise en scène d'un aspect structurel de l'évolution de toutes les femmes. Cendrillon nous représente à cet âge impossible qui va de l'enfance à la première adolescence. La petite fille, qui hier encore avait une mère merveilleuse qu'elle admirait et adorait, doit vivre aujourd'hui avec une « marâtre » insupportable qui ne la comprend pas et avec laquelle elle rivalise. Plus encore, comme dans le conte, cette petite fille a aussi perdu son père. Ce bel homme amusant, qui l'asseyait sur ses genoux, qui la prenait dans ses bras, lui donnait des baisers et lui faisait des chatouilles au lit avant de s'endormir, a disparu. À sa place, il y a aujourd'hui un étranger, un monsieur distant, sérieux, un peu absent, qui a été obligé de s'éloigner de sa fille parce qu'elle a commencé à grandir et qu'il doit maintenant la respecter. Et la petite fille est là, seule, perdue, elle ne veut même plus jouer avec la Barbie, mais elle n'est pas encore une Barbie… Elle se débat entre un sentiment nostalgique pour un passé où elle était une petite reine gâtée entre maman et papa et un rêve de futur, encore lointain et si incertain. Tout sauf ce présent triste et gris. Dans la vie, comme dans le conte, tôt ou tard, la petite fille sort de son coin, secoue ses cendres, grandit et avec un peu de chance rencontre un homme qui, bien qu'il ne ressemble pas beaucoup à un prince, partage sa vie avec elle comme il peut.

Sans perdre de vue cette dimension structurelle, nous considérerons le conte à partir du regard d'une femme qui a choisi, parmi toutes les étapes de l'histoire, le « moment Cendrillon » pour y rester paralysée, figée. Une femme qui pense : « Je ne pourrai jamais abandonner le rôle de Cendrillon toute seule, un prince devra venir me sauver et, pour le conquérir, je serai obligée de faire de nombreux efforts et de me déguiser. » Une femme qui se sent insuffisante, qui pense que pour rentrer dans le monde des adultes, dans le monde de celles qui peuvent être choisies par un prince, doit cacher ce qu'elle est. Elle vit ainsi sous la menace constante que l'on découvre son déguisement. Elle doit démontrer à tout prix qu'elle mérite d'être reine et qu'elle est capable de n'importe quoi, même de se mutiler, pour que son pied s'ajuste aux mesures exactes d'une chaussure de verre.

Indépendamment de ses réussites personnelles ou professionnelles, la Femme-Cendrillon se sent comme une stagiaire qui est constamment en période d'essai. Comme si elle ne pouvait réussir aucun concours ni occuper une bonne place dans la vie. La Femme-Cendrillon est l'éternelle intérimaire qui a besoin d'une approbation constante. Elle est toujours en alerte, elle se sent obligée de bien faire les choses. Elle se montre normalement hyper-responsable, serviable, aimable, généreuse et elle se sacrifie pour les autres. Plus encore, il ne suffit pas que le Prince l'ait choisie parmi toutes les jeunes filles qui assistaient au bal de la vie pour qu'elle soit convaincue qu'elle le mérite. Même si le Prince et sa Cendrillon sont mariés depuis des années, la Femme-Cendrillon sentira toujours qu'elle a quelque chose à cacher et quelque chose à démontrer.

Essayer sans cesse la chaussure pour voir si elle lui va ou pas est une manière de se mettre « dans les chaussures » de Cendrillon, dans son rôle. C'est terrible, je ne dis pas le contraire, mais il y a une autre version de Cendrillon qui me paraît encore plus inexplicable, plus absurde. Il s'agit du rôle tenu par les demi-sœurs dans le conte.

Les demi-sœurs

Selon la version du conte des frères Grimm, les demi-sœurs ne se sont pas contentées de replier leurs doigts de pieds pour que les pieds s'ajustent à la chaussure et elles n'ont pas non plus renoncé après le premier échec. Elles sont prêtes à tout pour atteindre leur objectif. Je vous transmets littéralement un fragment du conte :

> L'aînée alla dans sa chambre avec l'escarpin qu'elle voulait chausser. Sa mère était présente. Mais le soulier était trop petit et le pouce n'y pouvait entrer. La mère s'empressa de lui tendre un couteau : « Coupe-le, lui dit-elle ; quand tu seras reine, tu n'auras plus besoin de marcher. »
>
> La jeune fille se coupa l'orteil et enfila son pied dans la chaussure, quelque vive que fût la douleur, puis sortit retrouver le prince.
>
> [...] La seconde alla dans sa chambre avec l'escarpin et réussit très bien à y enfiler ses orteils, mais ce fut le talon qui refusa d'entrer. Oui, le talon était trop gros. Alors la mère lui tendit le couteau et lui dit : « Coupe un bout du talon : quand tu seras reine, tu n'auras plus besoin de marcher. »
>
> La jeune fille s'enleva un morceau du talon et força son pied dans la chaussure, quelque vive que fût la douleur, puis sortit retrouver le prince.

La marâtre de Cendrillon se comporte comme une véritable marâtre avec ses propres filles et leur donne des conseils horribles. Selon elle, réussir à « être reine » justifie tout renoncement ou tout sacrifice. Son argument s'exprime en ces termes : « Ce qu'il faut, c'est obtenir un homme à tout prix. Après tout, si tu as un homme auprès de toi, tu ne devras jamais plus marcher toute seule. »

Il est facile de comprendre que quelqu'un puisse cacher ses défauts et dissimuler ses imperfections pour séduire une autre personne. Mais que se passe-t-il quand une femme se sent obligée de dissimuler ses vertus et de cacher ses succès pour se sentir acceptée par un homme ? Que se passe-t-il quand une femme mutile une importante partie d'elle-même pour avoir un homme ?

Incroyable mais vrai. Si nous jetons un coup d'œil autour de nous et que nous regardons avec attention, nous découvrirons que nous connaissons des femmes qui ont dû s'amputer elles-mêmes le talon ou les orteils pour s'ajuster à une étroite chaussure de verre.

INGRID

Ingrid est une brillante étudiante en architecture à l'avenir prometteur. Elle est amoureuse de François qui est serveur. Ingrid passe des nuits blanches parce qu'elle doit remettre des projets mais si le lendemain François veut sortir, elle sort. Ils ne vivent pas ensemble mais quand Ingrid reste chez François, au lieu d'étudier pour ses examens, elle en profite pour repasser ses chemises et lui démontrer qu'elle est capable de bien s'occuper de lui, car son amour est beaucoup plus important pour elle que ses études. En réalité, François est beaucoup plus important pour elle qu'aucune autre de ses activités.

François adore la nuit et s'il veut se coucher tard, elle aussi doit se coucher tard même si elle doit se lever tôt le lendemain. Ingrid serait incapable de se plaindre, de protester car elle ne veut pas paraître ennuyeuse. Elle dormira un autre jour. Depuis qu'ils sont ensemble, François n'a aucunes attentions pour elle, mais quand ils sortent ensemble, c'est elle qui paie. Elle ne se plaint pas parce qu'elle ne veut pas « souligner la différence économique qu'il y a entre eux, pour qu'il ne se sente pas mal à l'aise et qu'elle ne paraisse pas matérialiste ».

François pense que la montre est un instrument démodé qui ne sert qu'à gâcher la vie des bourgeois et puisque lui, il ne l'est pas... il vit en marge du temps et de la montre. C'est pour ça que lorsqu'il dit : « Je passe te chercher tout de suite » et qu'il arrive trois heures plus tard, il ne comprendrait pas qu'Ingrid se fâche, même si elle est furieuse parce qu'elle a perdu trois heures à l'attendre. Elle supporte et ne proteste pas pour ne pas passer pour une « esclave des horaires et du travail ». Ingrid cache ses succès professionnels pour ne pas déranger François et leurs sujets de conversation sont réduits aux thèmes que François domine : voitures, football et un peu de musique. Tout le reste est interdit parce que selon lui, ce sont des « conneries ». Ingrid s'ennuie énormément avec les amis de François mais elle les supporte pour ne pas paraître déplacée. En plus, ses propres amis sont interdits car pour François, ce sont des camarades de faculté qui « parlent toujours de conneries et ce sont des bourgeois ». Ça fait longtemps qu'elle ne va plus au cinéma même si elle adore... et ainsi de suite.

Il est évident que les mondes de François et d'Ingrid sont très différents mais ça ne devrait pas être un problème car tous deux devraient pouvoir s'enrichir de cette différence. Le problème, c'est qu'Ingrid sent que ces différences les séparent. Elle les résout alors en amputant des aspects importants d'elle-même : ses études, ses intérêts, ses inquiétudes. Que personne ne sache qu'elle est intelligente, que personne ne s'aperçoive qu'elle s'intéresse à la littérature, que personne ne pense qu'elle est une de ces « bourgeoises » qui étudie et qui aime sa profession. Si elle veut se maintenir au même niveau que François et être dans le ton, elle devra réduire la taille de son talon pour entrer dans la petite chaussure.

L'histoire d'Ingrid et de François s'est terminée. C'est lui qui l'a quittée pour une autre, une autre que personne n'aurait osé comparer à Ingrid. Une femme plus simple, moins belle, plus banale et moins fascinante qu'Ingrid. Une femme dont le pied rentre naturellement dans la seule chaussure de verre que François pouvait offrir à une femme.

Comme l'homme Pygmalion pense que sa Cendrillon est une femme qu'il peut transformer en princesse, il fait de grands efforts pour obtenir cette transformation. La Femme-demi-sœur a un pire concept de son compagnon. Elle pense que son François est un être incapable de changer et que c'est elle qui généreusement doit renoncer à sa propre réussite pour s'adapter, c'est pour cela qu'elle se mutile le talon et se fait passer pour une boiteuse afin de s'adapter à lui. Ingrid et François sont un couple composé d'une Super Cendrillon et d'un pauvre dieu !

Un homme a beau nous promettre qu'avec lui « nous ne devrons plus aller à pied », mieux vaut compter sur nos propres pieds non mutilés pour pouvoir marcher d'un pas ferme. Dans la vie, nous devons apprendre à additionner et à multiplier et non à soustraire. Pour soustraire, il y a la réalité, nous, nous devons reconnaître nos mérites.

Je sais que dans les magasins de chaussures c'est beaucoup plus facile que dans la vie mais pourquoi une femme n'essaie pas quelques paires de chaussures avant de trouver la bonne taille ? Plus ou moins à sa taille, l'homme qu'elle va choisir ne doit pas non plus lui aller comme un gant. Comme une bonne paire de chaussures qui lui va bien, ni trop étroit ni trop grand. Il en suffit d'une avec laquelle on doit pouvoir passer une longue journée sans trop souffrir. Une qui ne l'oblige ni à étirer les orteils, ni à passer toute la journée sur la pointe des pieds, ni à se mutiler le talon.

L'incommodité est un signal qui annonce que nous sommes en présence d'un horrible péché d'imposture : cette sensation d'effort permanent, de devoir étirer le cou ou de rentrer le ventre pour être à la hauteur, d'être gentille ou de ne pas en faire trop pour que l'autre se sente à l'aise.

Contre ce péché, la vertu la plus simple est d'être tel qu'on est, c'est-à-dire chausser ses propres chaussures. Ne pas pouvoir être tel qu'on est est un péché vraiment pénible. Ni autant, ni si peu, ni plus ni moins, ni mieux ni pire.

Mais si on veut jouer les Cendrillons, le seul rôle qui en vaille la peine, c'est de représenter celle qui sort en courant à minuit et laisse le Prince sur sa faim, tout disposé à aller chercher la femme de ses rêves où qu'elle se cache, prêt à mettre la ville littéralement sens dessus dessous pour la trouver.

Les hommes

Je ne voudrais pas terminer ces pages consacrées aux péchés capitaux en donnant l'impression que seules les femmes pèchent. Il est vrai que l'idée qui traverse ce livre est celle qui prétend répondre à la question « qu'est-ce que j'ai fait pour mériter ça ? ». Cela peut nous faire penser que nous les femmes nous faisons « quelque chose » qui provoque les situations que nous vivons. Il est vrai que beaucoup de femmes ont l'instinct maternel exacerbé et tout le dévouement que le nourrisson exigerait, elle l'offre à un homme déjà mûr frisant la quarantaine. Certaines se sentent fortes et puissantes car elles sont capables de supporter tout type de sacrifices; d'autres encore s'obstinent à vouloir que l'« orme » donne des poires ou bien elles attendent de pouvoir parvenir à transformer le chat en souris ou que le scorpion abandonne sa véritable nature. Savoir ce que chacun fait pour modeler sa vie est important pour comprendre la situation et pouvoir sortir du bourbier. Ainsi, on pourra répondre à la question cruciale : « *Qu'est-ce que je peux faire pour sortir de là ?* »

Tout ceci est vrai, mais il ne faut pas perdre de vue qu'il y a toutes sortes de « chats », de « scorpions », de « dieux » et de « princes » dans la vie – toutes sortes de pénitences sous forme d'homme –; rien que pour ça, tous nos péchés devraient nous être pardonnés d'avance. Les hommes sont la plus grande faiblesse et le pire péché des femmes.

Il y a des hommes impatients et exigeants qui ressemblent à des bébés. Ceux qui font souffrir et qui sont incapables de laisser « échapper » leur proie et la poursuivent avec des appels ou des messages pour qu'elles ne puissent pas guérir d'eux. D'autres responsabilisent leur femme de leur insatisfaction et attendent que ce soit elles qui résolvent tous leurs problèmes et guérissent tous leurs maux. D'autres encore demandent tant qu'il semble que plus qu'offrir une relation, ils proposent à la femme de s'enrôler dans une ONG dont ils sont les uniques bénéficiaires.

Ils « sont comme ils sont », ils répondent à leur nature, ce n'est pas clair dans leur tête, ils ne veulent pas s'engager…, etc. En fait, chacune de nous doit savoir comment réagir devant un « chat » qui essaie de la dévorer pendant la nuit de noces, un scorpion qui ne la respecte pas ou un prince qui prétend lui faire essayer chaque semaine la chaussure de verre. Cela en vaut-il la peine ou pas ?

CHAPITRE XI

L'infidélité

L'infidélité plane sur toutes les relations de couple, son ombre menace constamment d'attraper les amants. Être infidèle ou être victime d'une infidélité est un fantasme universel qui peut, ou non, devenir réalité. C'est dans tous les esprits. Le fantasme d'infidélité peut prendre la forme d'une illusion, tout dépend du rêveur : « Un jour, mon véritable prince charmant viendra », « Je retomberai follement amoureuse ». Ce fantasme peut devenir un cauchemar : « S'il m'abandonne pour une autre, j'en mourrai », « Si j'apprends qu'elle me trompe, je la tue ».

Le monstre de l'infidélité adopte de nombreuses formes : femmes mariées qui apprennent à vivre avec la maîtresse de leur mari, qu'elles en soient conscientes ou pas ; femmes célibataires qui savent qu'elles partagent leur amant avec une autre femme ; hommes experts en relations parallèles ; femmes mariées qui trouvent la passion dans les bras d'un autre homme ; des hommes et des femmes normaux qui ne sont ni meilleurs ni pires que tant d'autres.

Classer les « hommes » et les « femmes » en deux grandes masses homogènes m'a toujours semblé une erreur, cependant, il s'agit d'une simplification habituelle, probablement nécessaire et très utile pour partir du même critère sans nous perdre dans les détails et les singularités de chaque cas particulier. Ainsi, tout au long de ce chapitre, nous parlerons d'« hommes » et de « femmes » tout en sachant que nous nous référons seulement à quelques-uns d'entre eux ou à quelques-unes d'entre elles, bien que dans certaines situations ces quelques-uns ou quelques-unes soient légions.

Les triangles

Les triangles éveillent toujours une énorme curiosité car, tôt ou tard, ils se réfèrent à ce triangle amoureux auquel nous avons tous participé : maman, papa et enfant. Ce jeu si passionnant qui va du triangle au couple et du couple au triangle dure toute la vie et est représenté dans la réalité ou bien dans l'imagination. Parfois, l'adultère n'est pas un produit accidentel de l'amour mais sa condition nécessaire ; il peut être aussi, comme l'a dit Marguerite Yourcenar, une forme désespérée de fidélité. Quelquefois, le triangle est une manière de se protéger du danger de l'intimité et de l'engagement ou c'est peut-être aussi le chemin le plus court pour l'atteindre.

À partir des nombreux modèles possibles d'infidélité, le triangle composé par un homme et deux femmes nous servira d'exemple pour suivre les processus sous-jacents les plus communs dans ce type de relation. Je n'ai pas de statistiques pour confirmer mon choix, mais je suis sûre que nous connaissons tous un homme qui entretient deux relations simultanées : l'une avec son épouse qu'il aime, respecte et vénère et une autre plus passionnelle avec une maîtresse. Il est fréquent que cette femme mariée soit seule à ne pas savoir que son mari qui l'adore est avec une autre ; citons aussi le cas d'une femme seule qui est amoureuse d'un homme marié et qui se ronge les sangs en l'attendant.

Dans ce chapitre, nous allons passer d'une scène à l'autre pour essayer de comprendre ce que cherche un homme dans cette situation, ce que cherche chacune de ces deux femmes et pourquoi chacun cherche et obtient ce qu'il a.

Que veut un homme ?

Nous pouvons dire que l'homme qui s'embarque dans une relation triangulaire veut tout avoir. Entre les deux, il ne choisit pas et préfère garder les deux. Il veut d'une part la sécurité et le calme que lui offre le foyer et d'autre part l'émotion du risque, voir combler son désir de l'interdit. Il veut être le chevalier sur son fringuant coursier pour délivrer la princesse et en même temps l'enfant sans défense qui se blottit sous les jupes de sa mère ou celui qui se cache sous le lit en attendant que maman vienne le libérer. Il veut être nomade et sédentaire à la fois. Il recherche une aventure excitante sans abandonner la terre ferme du foyer. L'homme veut tout avoir.

Un boléro raconte à la première personne ce que sent et ce que pense un homme dans une telle situation. « Cœur fou », le titre de ce vieux boléro de Richard Dannemberg, a été récemment popularisé par Bebo Valdés et El Cigala dans leur disque *Larmes noires*.

Les paroles de ce boléro sont un modèle du genre. Elles reproduisent le dialogue imaginaire entre un homme et son propre cœur. Il le traite de « fou » parce qu'il aime deux femmes à la fois :

Je ne peux pas te comprendre,
cœur fou.
Je ne peux pas te comprendre,
elles non plus.
Moi, je ne peux pas expliquer
comment je peux les aimer
si tranquillement.
Moi, je ne peux pas comprendre
comment on peut aimer
deux femmes à la fois
et ne pas être fou.
Je mérite une explication
car c'est impossible
de continuer avec les deux.
Voilà mon explication,
moi, on m'appelle sans raison
cœur fou.
L'UNE est l'amour sacré,
compagne de ma vie,
épouse et mère en même temps.
ET L'AUTRE est l'amour interdit,
complément de mes désirs
et auquel je ne renoncerai pas.
Et maintenant tu peux savoir
comment on peut aimer
deux femmes à la fois
et ne pas être fou.

Cet homme veut tout mais pas n'importe comment, il veut tout séparément, en deux parties. Et de surcroît, plus ces parties se trouvent éloignées et dissociées l'une de l'autre, mieux c'est.

Comme nous le montre le boléro, *l'une*, celle de la chanson et de la vie, est l'épouse et représente littéralement la mère, qui est « sacrée », c'est-à-dire intouchable, dont la profanation supposerait un sacrilège. On l'imagine comme une bonne « épouse et compagne », dévouée et généreuse.

L'autre, par contre, a tout d'abord l'attrait « de l'interdit », un attribut qui fonctionne normalement comme un aimant. Il semble que cette « autre » aurait comme fonction de calmer l'appétit sexuel de l'homme.

Je crains que Freud n'ait pas connu le boléro mais ces paroles ne l'auraient pas scandalisé puisqu'en 1910 il a écrit que parfois l'homme choisit comme compagne une femme qui lui inspire du respect mais qui ne l'excite pas sexuellement. En revanche, il n'est viril sexuellement qu'avec d'autres femmes, *les interdites*, qu'il n'aime pas et que souvent il ne respecte pas.

Selon ce raisonnement, si l'homme du boléro trouvait par miracle une femme complète, il la fragmenterait pour désactiver en elle un de ses attributs, pour la transformer en cette « demi-femme » dont il a besoin. S'il la transformait en « épouse et mère » il l'assignerait au silence du corps. Il la vénérerait avec cette adoration qu'on professe aux divinités : « Maman, on ne la touche pas ! » mais il ne pourrait pas se permettre le luxe de la désirer et de cette façon il réussirait à bannir en elle la maîtresse désirée. S'il la plaçait dans le rôle de maîtresse, il la désirerait avec impatience mais il ne pourrait pas la respecter. S'il arrivait à la respecter en tant que maîtresse et à la situer à la place de l'épouse (s'il se mariait avec elle, par exemple), il cesserait de la désirer comme maîtresse et il reprendrait sa chasse pour trouver une « autre femme »...

HÉLÈNE ET BORIS

Depuis déjà plusieurs années, mon amie Hélène maintient une relation avec un homme marié. Les choses entre eux sont claires, il n'y a donc pas de fausses promesses ni de vains espoirs. Dès le début, Boris a exposé sa déclaration d'intentions : « Je ne me marierai jamais avec toi, même si je me séparais de ma femme. » Il avait même l'habitude de dire à ses amis : « Si je me mariais avec Hélène, sitôt marié, je commencerais à chercher une autre Hélène. Et celle-là me plaît trop pour la perdre. »

En tout cas, Boris s'est exprimé clairement et Hélène n'attend pas inutilement. Ceci lui laisse une marge de liberté, une certaine dignité de maîtresse qui ne l'oblige à presque rien. Une liberté qu'elle ne s'accorderait sans doute pas si elle croyait qu'il était possible de « rivaliser » avec la femme de Boris ou si elle pensait qu'elle pourrait faire quelque chose pour obtenir le trophée pour elle seule.

Encore une précision sur le boléro : ce qui rend le cœur de l'homme fou, ce n'est pas d'aimer deux femmes à la fois mais prétendre que toutes deux acceptent de façon naturelle la situation... Pauvre dieu ! Le cœur fou aime sûrement les deux femmes, je n'en doute pas, mais le plus probable, c'est qu'il les aime mal. Si nous devions faire un film sur ce type de relations triangulaires, nous devrions l'intituler : *Un homme et deux mal aimées*. L'une d'elles lui pardonnerait en pensant : « Il est très fougueux, il est stressé et il a besoin d'une maîtresse. » L'autre l'excuserait en disant : « Il est gentil et il ne veut pas faire souffrir sa femme »... Enfin, chacune d'elles trouvera une manière de le justifier. Mais en vérité, dans une relation triangulaire, quelqu'un souffre nécessairement... et je ne sais pas comment ils s'arrangent mais ce n'est presque jamais eux qui souffrent...

Mère ou maîtresse

Cette recherche constante d'une situation duelle n'arrive ni par hasard ni par caprice. Il y a des hommes qui ont besoin de dissocier la figure féminine d'une façon radicale pour que la « mère » qu'il y a en chaque femme ne soit pas contaminée par la « maîtresse » qui vit en elle. Bien que dans la réalité l'homme ait une liste de raisons pour expliquer le pourquoi de ses deux amours et de ses relations l'une avec la mère de ses enfants et l'autre avec cette femme à laquelle il est uni par la passion, dans le fond, cette division sert à conserver immaculée la figure de sa propre mère et à effacer les traces qui lui rappellent que cette femme est aussi la maîtresse de son père. Ainsi, quand nous croyons être devant un superhomme capable d'« aimer deux femmes en même temps sans devenir fou », nous avons plutôt devant nous un petit garçon fou de jalousie, incapable de concilier ni dans sa tête ni dans sa vie que sa mère idéalisée soit aussi la maîtresse de son papa.

L'horreur de voir la mère transformée en une femme sexuée est une expérience universelle que les hommes vivent avec une certaine dignité. Certains, les plus chanceux, réussissent à intégrer les deux figures et aiment la mère de leurs enfants. D'autres ont besoin de maintenir la dualité, ils « aiment donc deux femmes à la fois ». Il y en a même qui ne se contentent pas d'aimer deux femmes mais qui ont besoin d'aimer plusieurs femmes et ils cherchent régulièrement à ajouter une nouvelle conquête à leur liste. Ce type d'hommes, nous ne l'appellerons pas « Mister Boris », comme l'amant de mon amie Hélène, mais « Don Juan ». Il y a des hommes qui ne peuvent avoir de relations qu'avec des prostituées qu'ils cherchent à sauver et à transformer en « bonnes mères ». Dans des cas extrêmes, le seul fait d'imaginer que les deux figures (maîtresse et mère, mère et maîtresse) puissent se superposer peut rendre l'homme complètement fou. C'est le cas de certains hommes qui assassinent leur femme et ne semblent pas trop savoir qui ils ont devant eux quand ils attaquent leur victime. Récemment, j'ai lu dans le journal qu'un homme avait assené 176 coups de couteau à son ex-femme. Vous admettrez avec moi que les deux premiers auraient suffi pour la tuer. À qui étaient destinés les 174 restants ? Peut-être qu'avec ces 174 coups de couteau il essayait d'exterminer un fantôme, la figure imaginaire d'une mère qu'il préfère morte plutôt qu'impure, une mère qui le poursuit car les images mentales ne disparaissent pas avec quelques coups de couteau.

Les contes pour enfants

L'objectif, dans tous les cas, est d'éloigner la mère, objet de la passion, de la mère sujet de la trahison et de conserver dans sa tête les deux images bien dissociées. Ce besoin de l'être humain a été recueilli et reproduit dans la littérature.

Nous pouvons considérer que les contes de fées sont les premiers livres de développement personnel inventés spécialement pour les enfants. Dans ces livres, le petit peut lire et reconnaître ses préoccupations, ses terreurs et ses désirs les plus inavouables. C'est pour ça que les enfants lisent et relisent maintes fois les mêmes contes parce qu'ils les accompagnent dans leur apprentissage de la vie d'adulte et ont une valeur thérapeutique. Il n'est donc pas étrange que les contes infantiles reflètent une certaine souffrance des enfants face à la dualité de la figure maternelle.

Dans les contes, il y a toujours deux personnages féminins bien différenciés : d'une part, il y a la mère, la bonne mère qui généralement est morte. Elle a sans aucun doute été exceptionnelle mais elle n'existe plus. Si elle avait existé, si elle existait, le destin de notre héros en aurait été autre ! La seule erreur de cette mère, extraordinaire, idéalisée, a été de mourir, disons même de ne pas exister.

L'autre aspect de la mère est incarné par la marâtre qui, c'est bien connu, est une véritable sorcière, une méchante mère qui a embobiné le bon père et ne veut qu'une chose, se débarrasser des enfants afin de TOUT garder pour elle : le papa, l'argent et le secret de la beauté éternelle… Enfin, c'est elle qui commande, elle qui règne, elle qui est méchante, très méchante. Le destin du personnage central du conte, tout comme celui de l'homme du boléro, est représenté par ces deux figures : la mère parfaite qui n'existe pas et la sinistre marâtre guidée par des intentions obscures.

Ève et Lilith

Cependant, avant, bien avant l'existence des sorcières et des marâtres des contes pour enfants, il y a eu une mère universelle qui s'appelait Ève. Nous savons tous qu'Ève a été la première femme et qu'elle est née en douceur de la côte d'Adam. C'était l'épouse d'Adam, mère de Caïn et Abel et, à travers eux, la mère de toute l'humanité. Une seule femme, complète et sincère, règne au Paradis, n'est-ce pas ? Eh bien non. Ève n'échappe pas non plus à cette « Autre » qui la complète. Ève a aussi sa face cachée ; et cette face cachée, ce côté obscur s'appelle Lilith.

Selon la mythologie hébraïque, Lilith fut créée avant Ève, à l'image de Dieu, tout comme Adam. Elle ne provenait pas de sa côte, elle était sa semblable. Selon certaines versions du mythe, Lilith a abandonné Adam. Dans d'autres versions, par contre, c'est lui qui l'a répudiée. Mais de toute façon, dans les deux cas, son péché a été de vouloir jouir du sexe autant qu'Adam et comme lui. D'autres lui attribuent l'audace d'avoir prononcé le nom de Dieu. Comme Lilith était une femme libre qui faisait les choses à sa manière, elle a donc été envoyée en exil à la mer Rouge, « une région où abondent les démons lascifs ». Elle n'a jamais plus eu l'occasion d'être ni épouse, ni mère. Selon la Bible des kabbalistes, Lilith remplit deux rôles : celui d'étrangler les enfants des autres et celui de séduire les hommes qui rêvent pendant qu'ils dorment seuls. Selon Isaïe, elle vit accompagnée de satyres dans les ruines du désert. On dit que pour essayer d'assouvir son insatiable sexualité, elle a l'habitude de sortir la nuit à la recherche de sperme gaspillé par les hommes qui dorment seuls pour fertiliser et créer des démons. Lilith est la déesse véhémente et multiorgasmique de l'érotisme féminin. D'une sexualité débordante, cette femme aussi séduisante que dangereuse partage ses pouvoirs maléfiques avec les sirènes et les amazones qui sont avec elle les figures les plus inquiétantes de la mythologie.

Personne n'a pratiquement jamais entendu parler de Lilith. La famille mythique, la famille originelle, fonctionne comme toutes les familles traditionnelles. La maîtresse, il ne faut pas la nommer. Tout le monde sait qu'elle existe parce qu'on la sent, parce qu'on la pressent mais en réalité personne ne parle d'elle. Elle, l'« Autre », est effacée. Lilith n'a pas été une exception. Lilith aussi a été effacée de l'histoire de la famille humaine. Elle a été punie de sa frivolité par deux exils ; premièrement exilée à la mer Rouge, elle fut expulsée au fin fond de la terre, condamnée à vivre parmi les êtres de l'enfer et par la suite, pour plus de sûreté, elle fut condamnée au pire des exils, l'exil symbolique du silence. Dans l'histoire officielle, dans la Bible, et tout comme dans les meilleures familles, on ne mentionne qu'à peine le personnage de Lilith. Seul le prophète Isaïe reconnaît son existence (34, 14).

Depuis le début des temps, ces deux aspects du féminin sont séparés drastiquement, d'un côté Ève, la bonne, la dévouée, l'honnête, la mère de toute l'humanité, maîtresse du logis, l'épouse fidèle. De l'autre, bien plus loin, dans les profondeurs de la mer Rouge, se trouve Lilith, la femme passionnée, la maîtresse insatiable dévorée par la luxure, la méchante, la marâtre, traîtresse et dangereuse. Deux aspects d'une même femme séparés dans l'Écriture sainte et séparés dans l'esprit de l'homme et de la femme.

Et nous, le reste des femmes, sommes-nous Ève ou Lilith ? Mères ou maîtresses ? Devons-nous choisir ? Cette partition chez la femme est très complexe. Ève et Lilith sont deux aspects de la même femme. Devrons-nous déterrer Lilith du silence pour qu'elle devienne une Ève respectable ? Ou bien serons-nous obligées de renoncer à Ève pour pouvoir jouir de Lilith ? En tout cas, ce qui est certain, c'est que l'ombre d'une « Autre » plane continuellement sur la féminité, et la femme, dans sa recherche, devra gérer cette dualité.

Que veut une femme ?

Que veut une femme ? C'est une question que beaucoup d'hommes se sont posée à travers les siècles. Freud entre autres l'a approfondie dans un de ses textes sur la sexualité féminine. Tous prétendent y répondre comme si quelqu'un pouvait réussir à savoir précisément ce que veut une femme.

Tout comme je l'ai déjà dit, si l'homme veut tout, la femme, elle, veut toujours autre chose. Je m'explique : imaginons une femme qui achète des vêtements. Elle essaie tout et quand je dis tout, je veux dire TOUT, absolument tout et à la fin, vraiment à la fin, elle choisit. Problème résolu ! Enfin ! Eh bien non, car quand elle arrive à la maison et essaie ce qu'elle a acheté, elle se rend compte qu'elle n'est pas satisfaite de ce qu'elle a choisi. Ce qu'elle voulait, en fait, c'était autre chose. Ainsi, le lendemain, elle doit retourner au magasin pour échanger ce qu'elle s'était acheté la veille ; ce dont elle était contente hier et que pourtant aujourd'hui elle n'aime plus.

Ce n'est pas en vain que l'on rit de la caricature d'une femme qui regarde, découragée, son armoire pleine et lance cette exclamation comme nous l'avons déjà toutes fait un jour ou l'autre et qu'Ève a sûrement inventée (ou serait-ce Lilith ?) : « *Je n'ai plus rien à me mettre !* »

Parmi toutes les feuilles de vigne du Paradis, il n'y en a pas une qu'elle veuille se mettre aujourd'hui... Aujourd'hui, justement aujourd'hui, elle voulait se mettre autre chose.

L'exemple le plus clair qui me passe par la tête, c'est celui de mon amie Vanessa. Quand elle va s'acheter un vêtement, elle en prend deux, un de chaque couleur... « Pour choisir tranquillement chez elle », dit-elle.

Imaginons, par exemple, qu'elle veuille s'acheter un manteau, eh bien, elle en prendra deux : le noir et le marron... Comme elle n'en a choisi aucun, elle veut les deux. Dès qu'elle en a choisi un, elle rend l'autre et, immédiatement après, elle rejette celui qu'elle a choisi et désire celui qu'elle a rejeté. Elle n'aime plus le sien, ce n'était pas ce qu'elle voulait... Elle voulait autre chose !

Tout ce que Vanessa s'achète est merveilleux tant qu'il a encore une étiquette et qu'elle ne l'a pas encore porté. Dès qu'elle en enlève l'étiquette, il perd son charme et ce n'est plus ce qu'elle voulait. Ce qu'elle voulait, ce qu'elle a toujours voulu, c'est… « autre chose »… Et alors elle recommence à chercher. Par contre Boris, l'amant de mon amie Hélène, l'homme du boléro, ou le don Juan, ne se seraient pas sentis obligés de choisir, ils auraient gardé les deux manteaux, ou les deux sacs, comme ils l'ont fait dans la vie avec deux ou plusieurs femmes.

Vanessa (la femme) est marquée par l'insatisfaction et quoi qu'elle ait, elle voudra toujours… autre chose. Si elle avait un amant, elle aurait préféré un mari, si elle avait un mari, c'est l'amant qu'elle aurait voulu et si elle avait l'amant et le mari en même temps, elle trouverait que ce n'est pas non plus ce qu'elle voulait, que son cœur n'est pas assez fou pour vivre deux amours et qu'elle veut deux hommes en un seul corps.

Vouloir toujours « autre chose » n'est pas seulement un trait de caractère quand on essaie des vêtements. C'est aussi une bénédiction pour la condition féminine, un trait générateur de bien-être, de croissance et de créativité. Il est aussi synonyme d'ambition et l'ambition bien comprise dans la réalité aide toujours à grandir. C'est souvent la femme qui veut « autre » chose. Une plus grande maison, une « autre » chambre pour les enfants, un « autre » voyage, une « autre » amie, un « autre » livre… En fait, il s'agit d'une certaine capacité de constante remise en question et un refus de se contenter aveuglément de ce qu'il y a.

Cette différence entre ce que veut un homme et ce que veut une femme explique pourquoi l'homme vit mieux les triangles amoureux, comment il s'y installe, comment il les prolonge et les éternise. Lui, il ne choisit pas, il garde les deux. Sans sa mère, il ne sait pas vivre et il n'est pas disposé à renoncer à sa maîtresse. Un homme peut se sentir satisfait dans cette sorte de dissociation mais il n'est pas nécessairement heureux. Il peut être aussi assailli par le sentiment de culpabilité, alors que la femme, elle, n'est jamais contente. « *Est-ce lui l'homme de ma vie ? Est-ce l'autre ? Ne suis-je pas en train de faire une erreur ? Qui gagnera, elle ou moi ?* » Parce que dans ces trios, il y a normalement UN « lui » et DEUX « elles ».

L'Une et l'Autre

Quand quelqu'un parle de façon familière de l'« Autre », on sait qu'il fait allusion à la « maîtresse ». L'autre est la « querida* », comme on dit péjorativement (moi, je dirai la mal aimée). Cependant pour la maîtresse, l'« Autre » – avec un grand A – c'est l'épouse, l'épouse légitime.

En définitive, l'« Autre », avec un grand A, qui qu'elle soit, est une femme imaginaire qui nous montre que nous sommes incomplètes et nous lui attribuons de savoir avec précision en quoi consiste être une femme. Comment être exactement cette femme que l'homme attend de nous ? Il est clair que je n'ai pas tout… ce qui me manque, elle, elle doit bien l'avoir. Qu'a-t-elle donc que je n'ai pas ?

Rebecca

Le film *Rebecca* fonctionne comme une métaphore parfaite pour mieux comprendre le thème si complexe de l'« Autre ». *Rebecca* est un film d'Hitchcock basé sur un roman éponyme de Daphné

---

* En espagnol « querida » a deux sens : « aimée » et « maîtresse ».

du Maurier, dans lequel une jeune femme, timide dame de compagnie, rencontre un veuf fortuné dont la belle épouse, Rebecca, vient de mourir. Le nouveau couple se marie et part vivre à Manderley, le manoir du veuf.

Quand la jeune femme s'installe dans la nouvelle demeure, elle découvre qu'il n'y a pas de place pour elle parce que la maison est remplie de souvenirs de Rebecca, l'épouse défunte. Dans chaque recoin, quelque chose évoque la morte. Non seulement les objets la maintiennent présente ; la famille ainsi que les amis du mari se souviennent d'elle. Ils la comparent continuellement avec la nouvelle femme et pour eux Rebecca gagne toujours à la comparaison. De son côté, la nouvelle est convaincue qu'elle ne pourra jamais occuper la place que cette femme extraordinaire a laissée vacante. Il lui semble même que de l'au-delà elle lui souffle dans la nuque. La nouvelle femme se sent si insignifiante, si peu de chose, qu'il lui est impossible d'entrer en compétition avec cette morte parfaite. Son mari ne pourra jamais l'aimer comme il a aimé Rebecca. Ce qui est surprenant, c'est que ce n'est pas le mari qui se souvient le plus d'elle. Lui, il la nomme à peine et elle ne semble pas beaucoup lui manquer. Celle qui lui rend un véritable culte et maintient vivante sa mémoire est une sinistre gouvernante. Une vieille fille obscure, aigrie, desséchée, qui a transformé Rebecca en son « Autre » au point d'en devenir folle de vénération pour elle.

Vous avez sans doute remarqué que quand je me réfère à « la nouvelle femme », à « la nouvelle », je ne l'appelle pas par son nom. Ce n'est pas un caprice ni un oubli : c'est que je ne sais pas comment elle s'appelle. Personne ne le sait. Qui ça peut bien intéresser ? Tout au long du film, personne ne la mentionne. Cette pauvre femme, la mal aimée, la deuxième, la pauvre Cendrillon, qui est toujours disposée à soumettre son pied au test de la chaussure, n'a pas de nom, pas d'identité. Elle n'existe que pour prétendre usurper la place de la fabuleuse Rebecca. Durant les deux heures du film, on « la » voit entrer et sortir, monter et descendre et, cependant, personne ne lui demande son nom, personne ne la nomme, ni ne cherche à savoir comment elle s'appelle, parce que même si c'est elle qui est vivante, c'est comme si elle n'existait pas…

D'ailleurs, en Espagne, le mot « rebeca » désigne une petite veste très utile, très pratique mais pas très élégante. Celle-là même que porte notre héroïne dans le film. Oui, même cette veste populaire porte aujourd'hui le nom de la Grande Rebecca, bien que la véritable Rebecca ne soit jamais apparue à l'écran. Elle, la morte, l'inaccessible, la fantastique, on ne peut pas l'imaginer avec une veste aussi insignifiante. Elle, elle porterait des décolletés vertigineux, des manteaux magnifiques, des corsages ajustés qui rehausseraient sa silhouette parfaite mais jamais une « rebeca » si pratique pour lire au coin du feu.

Voilà donc que celle qui apparaît à l'écran, personne ne la nomme et celle que personne ne voit, tout le monde la nomme. La morte est beaucoup plus présente que la vivante. Elle n'apparaît même pas en flash back dans les scènes où le mari fait référence à son passé avec Rebecca. C'est impossible, elle perdrait de sa force, de son mystère. Parce que Rebecca est l'« Autre » idéalisée, la mère morte, tout comme dans les contes infantiles. Pour que l'idéalisation fonctionne dans toute sa splendeur, il ne peut y avoir ni visage, ni corps réel, parce que aucun visage ne pourrait être aussi beau que celui que nous attribuons à Rebecca, aucun corps ne serait suffisamment parfait pour être le corps de la Rebecca que nous imaginons, aucun rire humain ne pourrait être comparé au charme du rire de Rebecca, qui résonne encore dans le manoir de Manderley.

Nous allons utiliser la figure de Rebecca pour représenter ce phénomène psychique qui fait que chaque femme a dans la tête une « Autre » avec laquelle elle se compare, qu'elle veut vaincre, qu'elle essaie d'imiter, qu'elle cherche à dépasser, avec laquelle elle veut se compléter, qu'elle veut bannir, celle qu'elle voudrait être. Nous pourrions dire aussi que chaque Ève a dans la tête sa Lilith ou que chaque Lilith a son Ève. Pour des raisons pratiques, Rebecca va représenter pour nous l'« Autre » universelle.

Rebecca au passé,
au présent et au futur.

Cette Rebecca conjugue son pouvoir sur chaque femme à tous les temps. Le film est consacré à celle que l'on peut appeler la Rebecca au passé. L'héroïne de l'histoire vit dans le sillage qu'a laissé une femme qui est partie. Carmen Posadas consacre son livre *Le Syndrome de Rebecca* à la Rebecca du passé, aux blessures que laisse un vieil amour. Dans la réalité, nous pourrions parler de l'ex-compagne, l'ex-femme, l'ex-maîtresse…, une femme qui aurait occupé cette place avant elle. Cette Rebecca a un pouvoir et une force surprenants sur sa victime. Là où est passée une autre femme, il reste les plis qu'a laissés son corps sur les draps, il reste son haleine et ses odeurs. On peut tomber sur sa brosse à dents oubliée dans la salle de bain ou bien même sur une note écrite de sa main, un détail aussi insignifiant et personnel que : « Chéri, n'oublie pas d'apporter ces vêtements au pressing. » C'est de la présence de l'absence que la Rebecca au passé semble justifier la curiosité et l'intérêt qu'elle éveille. Comme elle a été la première (comme la mère), elle personnifie la mesure de ce que veut dire être une femme. « Tu m'aimes plus qu'elle ? », « Tu es plus heureuse avec moi qu'avec elle ? », « Laquelle des deux tu préfères ? »... sont le type de questions que suscite le plus fréquemment la Rebecca au passé.

La Rebecca qui conjugue son pouvoir au présent est la rivale proprement dite, l'ennemi à abattre. C'est l'« Autre » officielle avec laquelle la femme devra entrer directement en compétition. Selon ce triangle, Rebecca sera la femme de l'amant, ou la maîtresse du mari. Cette « Autre » est normalement une femme en chair et en os. Curieusement, le fait qu'elle soit tangible ne la rend pas plus dangereuse mais la transforme en adversaire plus accessible, avec des défauts et des qualités, quelqu'un avec qui on peut mesurer ses forces, quelqu'un qu'on pourrait même réussir à vaincre. Il est vrai qu'il y a des femmes qui dans leur obstination à vouloir « autre chose » s'entêtent à obtenir ce que possède celle d'à côté et ne regardent que l'homme accompagné d'une Rebecca pour le lui prendre.

La Rebecca qui conjugue son pouvoir au futur a, par contre, une force et une consistance impossibles à affronter parce qu'elle n'est que pure invention. Avec elle, la bataille est perdue d'avance. Elle l'a gagnée *in absentia* avant même d'exister. D'elle, il n'y a même pas de marques sur les draps. On ne connaît même pas sa taille mais on sait qu'elle doit être fantastique ! Elle doit être parfaite. Cette Rebecca est l'« Autre » qui occupera la place que la femme a laissée vacante.

Il y a quelques mois, Aurore s'est séparée de Jacques. Il n'y avait rien à faire, ils avaient essayé pendant des années et ils n'ont pas pu trouver la manière d'être raisonnablement heureux ensemble. L'apathie régnait entre eux et même si Aurore s'ennuyait à mourir avec Jacques, elle se sentait la seule responsable de leur malheur. Ils avaient tout essayé. On la voyait souvent plus préoccupée d'être incapable de rendre Jacques heureux que de trouver elle-même la manière d'être un peu moins malheureuse.

Le fait est qu'un jour ils finirent par se séparer. Depuis lors, Aurore a passé son temps à se torturer. Elle se fait mille reproches : « Et si au lieu de… j'avais fait… », « Et si je ne lui avais pas dit… », « Et si… ». Je suis incapable de me souvenir de tous les dards avec lesquels elle se martyrisait en pensant à ce qui aurait pu être et qui n'a pas été. En revanche, ce que je ne pourrai pas oublier, c'est cette pensée qui dominait toutes les autres : « Il sera heureux avec une autre. » Quand elle était pleine de rage contre Jacques et qu'elle trouvait injuste de s'être rendue entièrement responsable de l'échec de la relation, elle finissait par se dire : « Il sera heureux avec une autre. » Comme une litanie, toutes ses demandes, ses souvenirs ou ses commentaires, se terminaient toujours par cette même phrase : « Il sera heureux avec une autre », « Une autre viendra pour bien faire le travail que moi, je n'ai pas su faire ».

L'« Autre » pour la femme

Il y a des femmes qui se mesurent continuellement au fantasme d'une autre femme qu'elles idolâtrent, qu'elles admirent, qu'elles détestent et qu'elles aiment en même temps. Une « Autre » qu'elles vénèrent aussi comme une déesse, parce qu'il n'y a aucune femme (qu'elle s'appelle Rebecca,

Ève ou Lilith) aussi complète que « celle » qu'elles ont dans la tête et qu'elles imaginent en train de les regarder avec un peu de mépris et d'indifférence.

L'« Autre » accompagne, harcèle et devient un public objectif. La femme s'habille pour elle comme si elle allait la rencontrer au coin de la rue. Elle se compare à elle, s'y mesure continuellement : « Que ferait-elle à ma place ? Que dirait-elle ? Elle, elle saurait quoi se mettre. Elle saurait quoi s'enlever. Elle, elle est gentille ou bien, elle, elle est belle. »

Chaque femme est l'« Autre » pour l'« Une » et toutes sont l'« Une » pour une « Autre ». Nous sommes toutes la Rebecca d'une autre, et avons toutes dans le sombre grenier de l'esprit notre propre Rebecca bien cachée.

Si l'homme ne peut pas supporter une femme complète, la contrepartie de cette situation est une femme dédoublée, qui se sent incomplète, qui doit partir continuellement à la recherche de sa moitié. C'est ainsi que fréquemment, la femme ne va pas chercher sa « moitié » mais sa « moitié au féminin », le revers de sa propre médaille. La femme part à la recherche d'elle-même, de cette partie coupée d'elle-même qu'elle a perdue et qu'elle imagine qu'une autre femme possède. Ceci fonctionne secrètement même si l'« Une » comme l'« Autre » montrent à l'extérieur, devant les autres, un dégoût envers ce que possède ou représente l'autre. Lilith peste contre Ève et Ève peste contre Lilith, elles se détestent et se méprisent mutuellement et, cependant, aucune des deux ne perd un seul détail des gestes de l'autre.

MARIE-LAURE

Nous avons tous entendu parler d'un cas où la femme tombe folle amoureuse du mari de sa meilleure amie. L'amie d'enfance, la collègue la plus proche, les deux couples d'amis qui partagent des dîners et des week-ends avec les enfants, la compagne-complice du lycée…

Celle que j'ai connue s'appelait Marie-Laure et je sais qu'elle a tout fait pour résister aux accès de cette passion qui l'entraînait inexplicablement. Elle nous assurait que cet homme ne lui avait jamais paru spécial, elle ne l'a même pas trouvé sympathique quand son amie le lui a présenté. Cependant, quelques années plus tard, Marie-Laure a succombé et est tombée aux pieds de cet André insignifiant. Marie-Laure aussi était mariée, pourtant, être infidèle à son mari n'était pas ce qui la préoccupait le plus. Ce qui la tourmentait vraiment, c'était sa déloyauté envers sa meilleure amie.

> C'est curieux – disait Marie-Laure –, comment est-ce possible que je fasse ça à Odile, moi, qui l'aime tant. C'est elle qui m'a recommandée à mon patron. Elle a toujours été près de moi et je sais que je peux compter sur elle si j'ai besoin d'elle. Même ma sœur ne s'est pas comportée avec moi comme Odile. C'est la meilleure personne que je connaisse et moi, je dois être la pire !
>
> Je me rappelle encore des blagues que nous faisions quand nous étions au collège. Nous nous entendions si bien et nous nous amusions tant, que nous avions l'habitude de dire que si nous ne trouvions pas de mari, nous irions vivre ensemble toutes les deux.

Peut-être que la relation que Marie-Laure a eue avec André a été une façon de réaliser ce qu'elle disait en plaisantant quand elle était adolescente : « vivre » avec sa meilleure amie. Marie-Laure accomplissait un rêve dont elle-même n'était pas consciente.

Elle utilisait un troisième élément et sans avoir besoin de remettre en jeu son identité sexuelle. Le rêve secret de Marie-Laure est un rêve qu'ont toutes les filles du monde et qui s'appelle : « *Je veux me marier avec maman* », parce que maman est le premier objet d'amour pour les filles comme pour les garçons. Plus tard, quand papa rentre en scène, ce premier rêve prend une autre forme et s'appelle désormais : « *Maintenant je veux ressembler à maman pour que papa tombe amoureux de moi.* » C'est le moment où la petite fille commence à jouer avec les escarpins de sa mère et à se « maquiller » avec son rouge à lèvres.

Marie-Laure ne voulait pas seulement « être comme » son amie, sinon il aurait suffi qu'elle utilise le même parfum ou qu'elle se coupe les cheveux comme elle. Marie-Laure voulait « être » son amie, prendre sa place et elle a eu besoin de le faire de façon concrète, en usurpant son lit.

Fascination pour l'« Autre »

L'« Autre » non seulement a le rôle de la rivale persécutrice. L'« Autre » est aussi un modèle à suivre, une figure d'identification, quelqu'un qui nous pousse à être meilleure, plus efficace, plus belle ou plus heureuse. La fascination que sent la femme pour l'« Autre » est un fait qu'ont découvert il y a longtemps l'industrie cinématographique et les maisons d'édition. *All about Eve, La Fièvre au corps* ou *Jeune Fille partagerait appartement*... sont les titres de certains films qui reflètent la situation si inquiétante et si commune d'une femme qui veut s'approprier l'identité de l'« Autre » et prendre sa place. Je connais aussi de nombreuses femmes – moi-même –, lectrices invétérées de journaux, de lettres ou de biographies d'autres femmes. La curiosité face à ces autres vies les amène à parcourir un sentier rempli de questions : « Comment a-t-elle fait ? Pourquoi est-elle géniale ? Pourquoi a-t-elle tant souffert ? Où s'est-elle trompée ? Comment a-t-elle osé ? Comment a-t-elle pu ? » Ces mêmes questions qui auparavant s'adressaient à la célébrité, à l'héroïne de la biographie, se formulent aussi à la première personne quand une femme lit un livre de développement personnel – comme celui-ci – écrit par une autre femme. C'est comme si elle demandait au livre : « Comment faire ? Pourquoi je souffre tant ? Où est-ce que je me trompe ? Est-ce que j'oserai ? Comment je pourrais ? » Et si ça ne suffisait pas, les revues de mode nous offrent chaque semaine des pages et des pages pleines de centaines d'« Autres » que nous essayons d'imiter à grand-peine, à qui nous voulons ressembler, avec qui nous pouvons nous identifier.

Le jeu de l'« Autre » commence à se développer avec la mère et continue après avec les sœurs, avec les amies, avec les autres femmes, compagnes, adversaires, pour arriver jusqu'à la belle-mère qui représente la rivale par excellence. Sans arriver aux extrêmes de l'Inde où chaque année environ sept mille femmes meurent aux mains de leurs belles-mères, nous devons reconnaître que la relation belle-mère/belle-fille a mérité, à travers les siècles, la caricature de la rivalité entre deux femmes.

Parfois l'existence de l'« Autre » est un excellent alibi pour la femme. Je m'explique : la présence de l'« Autre » expliquerait le malheur, l'insatisfaction dans laquelle elle vit et elle s'imagine que si l'« Autre » n'existait pas, son bonheur serait assuré. « Si elle n'était pas là, s'il n'était pas marié, nous serions heureux ensemble. » « S'il n'était pas fasciné par sa maîtresse, si elle ne s'était pas interposée entre nous deux, nous serions toujours heureux. »

Avec un homme marié, la maîtresse-mal aimée joue à éluder la réalité. Elle fait des tours de magie : « Maintenant je l'ai, maintenant je ne l'ai plus », « Il est à moi pour quelques heures, pour une nuit, avec un peu de chance, pour un week-end qui semble éternel et qui ne dure que quelques secondes », « Je sais qu'il N'EST PAS à moi, mais durant cette heure, cette nuit, cette soirée, il a été plus à moi qu'il n'a jamais été à personne… Il est à moi, même si je sais qu'il n'est pas à moi… ». Jouer à se moquer de la réalité est amusant jusqu'à ce que la maîtresse-mal aimée se rende compte que c'est la réalité qui se moque d'elle. Chaque matin, quand elle se réveille seule et qu'elle sait que lui, il est avec sa femme dans un autre lit, elle sent que la réalité lui tire la langue et se moque tristement d'elle.

C'est ainsi qu'au nom de la promesse de ce bonheur impossible les mal aimées (l'une comme l'autre) se soumettent à des situations humiliantes en attendant le miracle. En attendant « autre chose », elles passent leur temps à rêver : « Il abandonnera sa femme », « Il se fatiguera de sa maîtresse », « Je dois seulement résister un peu plus… attendre… être patiente… Le miracle deviendra réalité et ce dieu ne sera que pour moi ».

CHAPITRE XII

La jalousie

BERTRAND

Le collègue qui m'a amené Bertrand me l'a décrit comme « un enfant de neuf ans qui ne voulait pas vivre, qui voulait mourir ». Bertrand est l'aîné de deux frères et il préoccupe beaucoup sa mère. Elle ne comprend pas qu'un enfant de neuf ans dise qu'il veut mourir au lieu de s'amuser comme tous les autres. Bertrand a des crises de colère incontrôlables surtout contre sa mère à qui il lance en criant : « Tu n'es pas ma mère et je ne t'aime pas. » Alors, il ne la tutoie plus, il parle d'elle à la troisième personne et se réfère à elle avec un : « celle-là » sur un ton méprisant. Ensuite, il a des remords, il commence à pleurer et dit qu'il veut mourir parce qu'il est très méchant. Désespéré, Bertrand reproche à sa mère ce qu'il ne lui pardonne pas : « Toi, tu m'as trahi trois fois. Premièrement, quand tu t'es marié avec "celui-là" et ensuite quand tu as eu mes frères. Toi, tu n'es pas ma mère. »

Bertrand est malade de jalousie. Il a fait une découverte brutale : le grand amour de sa vie n'est pas à lui. Sa première femme, sa mère, « celle-là » qui lui a fait croire qu'elle n'était au monde que pour lui, ne lui appartient absolument pas. Maintenant,

« celle-là » appartient tout d'abord à elle-même, ensuite elle appartient à « celui-là » (qui est le père) et, par-dessus le marché, Bertrand est obligé de partager « celle-là » avec deux intrus dont il doit s'occuper et appeler « petits frères ».

La souffrance de Bertrand est tellement horrible, qu'à 9 ans il préfère mourir plutôt que de supporter la douleur qu'il endure.

Si dans le récit de Bertrand on changeait « mère » par « femme » et « neuf ans » par « quarante-cinq », nous serions devant un homme jaloux qui probablement maltraiterait sa femme, en la torturant de ses soupçons et de ses reproches.

Je reçois assez souvent des parents désespérés qui viennent me voir parce qu'ils ont un fils qui souffre de la maladie de la jalousie à cause de l'arrivée d'un petit frère. Les parents ont souvent du mal à comprendre ces réactions exagérées et ils disent surpris : « Tout ça seulement pour l'arrivée d'un petit frère ! », comme si ce n'était pas grand-chose.

Le cas de Bertrand était un cas extrême. Ses attaques de colère perturbaient non seulement ses relations familiales mais aussi sa vie scolaire. Sa souffrance était telle, qu'à neuf ans, il ne se sentait pas capable de la supporter et qu'il préférait mourir. Bertrand a mis un certain temps avant d'enterrer la hache de guerre, d'ensevelir sa jalousie et d'accepter sa place dans la vie : cette place un peu triste que nous partageons tous et qui consiste à « être un de plus ».

Pour des cas de jalousie infantile plus courants, pour lesquels on vient souvent me consulter, j'ai trouvé une manière infaillible d'aider les parents à se mettre à la place de leur fils et de leur faire comprendre qu'il a le droit d'être jaloux.

Le « truc » consiste à dire à la mère :

> Imaginez qu'un jour votre mari rentre à la maison avec des fleurs et du champagne et qu'il vous dise : « Chérie, j'ai une surprise pour toi… Je sais que tu vas être très contente ! » Vous, vous commencez à imaginer… Ça doit être un voyage ?…, Ça doit être un cadeau spécial ?… et lui, de poursuivre : « J'AI UNE MAÎTRESSE ! et tu ne sais pas quoi ? Ma maîtresse va venir vivre avec nous ! Tu vas adorer. Elle est beaucoup plus jeune que toi, et nous devrons nous occuper d'elle, tu devras lui prêter tes vêtements, partager tes affaires avec elle et être gentille et tendre… »

Ces mots suffisent. Les parents se mettent alors dans la peau de leur fils et comprennent parfaitement le calvaire qu'il endure. Eux-mêmes ne pourraient ni l'un ni l'autre supporter l'horreur que représenterait de vivre une telle situation.

Il semblerait que la jalousie de l'adulte nous donne la mesure des autres types de jalousie. Cependant, la jalousie infantile, la première, est le moule où se fabriquent tous les autres types de jalousie qu'un être humain peut arriver à ressentir. Ce sont les cas de jalousie les plus déchirants et les plus cruels. À cette époque de la vie, on n'a pas encore la maturité mentale nécessaire pour donner une possible explication à la situation d'exclusion qui provoque la jalousie, elle se vit donc sans soutien et sans arguments.

Convaincu d'être la personne la plus importante pour sa mère, ses premières attaques de jalousie prennent l'enfant au dépourvu et lui font vivre une humiliation inattendue, insupportable. Personne ne lui avait raconté que dans le scénario de sa vie interviendraient l'autonomie de sa mère et sa « trahison ».

L'enfant ne sait comment se défendre de cette jalousie obscène parce qu'il n'a ni armes, ni armures nécessaires pour s'en protéger et la chasser. Notre petit Othello ne domine pas encore les phrases de consolation avec lesquelles plus tard un adulte jaloux va se défendre : « Je vais lui rendre la monnaie de sa pièce », « C'est lui qui y perd », « Il va voir », « Ça m'est égal, j'en chercherai une autre » ou bien « Ça m'est égal ». Si l'enfant est trop crédule et désarmé, la lave du volcan de la jalousie l'entraîne et le calcine sans remède.

L'unité perdue

Derrière cette jalousie, il y a la nostalgie de l'unité primordiale originelle et mythique avec la mère (j'insiste en la qualifiant de « mythique » parce que rien ne prouve qu'une union aussi extraordinaire que celle que nous imaginons ait existé). L'enfant – comme l'adulte jaloux – cherche à récupérer ce sentiment océanique pour faire partie d'un tout, de ne faire qu'UN avec l'autre. Il ne veut plus être trois : « Moi, ma mère et son autonomie », « Moi et les deux visages de ma mère », « Moi, ma mère et "celle-là" » – comme dirait Bertrand –, ou comme dirait un adulte, « Moi, Ève et Lilith ». En définitive : « Moi, l'autre et l'espace insurmontable qui me sépare de l'autre. » Cet espace qui oblige l'enfant – et l'adulte – à se reconnaître comme un être séparé, vulnérable et qui l'oblige à renoncer à l'illusion d'ÊTRE UN, de faire partie d'un TOUT où rien ne manque. Cet autre, dont la fonction est de le compléter, devrait savoir ce dont il a besoin sans que ce soit nécessaire de le lui dire. Cet autre devrait être quelqu'un capable de deviner ce qu'il pense, ce qu'il sent, ce qu'il attend sans qu'il ait à prononcer un seul mot, quelqu'un qui devrait se comporter comme sa propre main.

Si l'inconscient n'existait pas et si le temps mental fonctionnait comme une chronologie linéaire – premièrement le un, ensuite le deux et puis le trois –, la jalousie infantile devrait en premier lieu apparaître la première et la jalousie adulte devrait apparaître ensuite selon l'ordre des choses. Il faudrait naturellement expliquer à un homme qui est jaloux de sa femme ce qui suit :

> Vous rappelez-vous quand vous aviez deux ans et que vous étiez le roi de la maison ? Vous rappelez-vous quand vous avez découvert que votre mère vous a été infidèle avec « celui-là » ? Vous rappelez-vous la peur que vous avez ressentie en imaginant que vous pouviez la perdre ? Vous rappelez-vous quand un petit frère est apparu dans votre royaume, un étranger qui est resté chez vous et qui a occupé votre territoire pour toujours ? Vous rappelez-vous quand vous étiez Bertrand ?

Un adulte qui écouterait ce récit devrait normalement se boucher les oreilles, horrifié, il m'empêcherait de continuer : « Ne me le rappelez-pas, ça, c'est la pire chose qui me soit arrivée ! » c'est ce qu'il devrait dire et, pourtant, il se bornera à répondre : « Non, je ne m'en souviens pas. Moi, Bertrand ? Jamais ! Moi, non. Ça n'a pas dû être aussi grave puisque je ne m'en souviens pas. » Et il ne ment pas ; bien sûr qu'il ne s'en souvient pas !

La jalousie infantile si douloureuse et si mal domptée soit-elle devrait être maintenue sous clé afin que l'on puisse continuer à vivre malgré elle, afin de surmonter le désir de mourir de Bertrand, afin de ne pas suivre les traces de Caïn. Cette rage et ces passions déchaînées doivent être remplacées par le désir d'apprendre à lire et à écrire, à calculer. Il est donc nécessaire de l'enterrer, et d'agir comme si elle n'avait jamais existé. Dès lors, nous n'y aurons accès qu'à partir de l'expérience adulte actuelle.

... Et le jaloux se croit très mûr...

Le fait est que « cette jalousie », la première, celle qui nous marque à vie, nous l'oublions, nous l'effaçons tout simplement de notre esprit. Cependant, même si nous l'effaçons, elle ne disparaît pas complètement. Elle dort ensevelie au plus profond de l'inconscient, dans cet antre où sont enfouis les désirs et les passions inavouables ; la peur, les amours et les haines à l'état pur. Là, dans leur tanière, ils reposent cachés, endormis mais pas morts, ils sont aux aguets et il suffit d'écouter la rumeur des ronflements du « dragon aux yeux verts » – comme Shakespeare a baptisé la jalousie – pour trembler et souffrir comme la première fois.

L'expérience actuelle ne fait que réveiller le monstre infantile ; et cette nouvelle jalousie prend la forme de celle d'autrefois. Les yeux verts du dragon sont aveuglés par la douleur, le dragon est fou de jalousie... Ce qui était enseveli dans l'inconscient ressuscite avec la même intensité qu'hier et attrape sa victime au dépourvu.

C'est à cause de cet oubli presque parfait qu'il nous est fort difficile de comprendre la jalousie des enfants, la sexualité infantile. Nous prenons pour vraies les informations les plus récentes sans considérer le passé.

La jalousie est un sentiment normal qui accomplit plus d'une fonction dans la vie affective du sujet. Pour commencer, elle apparaît comme un signal d'alarme qui nous oblige à prendre conscience de la présence d'un tiers, mais le tiers n'est pas seulement celui qui nous arrache « à » la mère – nous l'enlève –, mais c'est aussi celui qui nous arrache « de » la mère – nous sauve de sa domination –, c'est-à-dire qu'il nous permet d'échapper à la relation asphyxiante avec la mère. Sortir de cette situation d'exclusivité a aussi ses avantages : l'enfant acquiert son passeport d'autonomie… une promesse coûteuse mais nécessaire.

Le triangle de la jalousie

Le jaloux est acculé, il se retrouve le dos au mur entre l'aimé et le rival. Dans l'esprit du jaloux, il y a toujours trois personnes. Deux qui se frappent et un qui regarde ceux qui se frappent… Dans certains cas, c'est l'aimé et le rival qui se frappent, et ils se « frappent » pour se rejoindre, se rapprocher tous les deux. Alors, le jaloux est condamné à regarder, c'est l'exclu qui observe comment les deux autres s'aiment.

Ou bien, il y a deux personnes – le jaloux et le rival – qui « se frappent » pour lutter entre eux, dans ce cas, le jaloux prend le premier rôle et il concentre toute son énergie pour « se battre » avec le rival, pour lutter contre lui, se mesurer à lui. Dans ce cas, celui qui regarde est l'aimé. Le trophée pour lequel les deux rivaux se disputent – celui qui est soi-disant le plus important des trois – devient le tiers, l'exclu. Rappelons-nous le cas de Maé, Alex et Thomas : les deux hommes, quand ils luttaient pour obtenir Maé, étaient si concentrés qu'ils l'oubliaient… Il y a aussi des femmes jalouses qui s'occupent davantage de l'« Autre », de leur Rebecca particulière, que de leur aimé.

Tout Caïn a son Abel, toute Desdémone son Othello, tout Jason sa Médée et vice versa. Vivre avec la jalousie, celle qu'on ressent soi-même ou celle qu'on éveille chez l'autre, est toujours une sorte d'enfer.

Dans le premier cas, on ressent de la jalousie et on est l'exclu. C'est le cas de la femme qui est avec un homme qui vit sa vie et qui l'oblige à contempler ses aventures. Dans une telle situation se mélangent des sentiments contradictoires : la douleur, l'angoisse de la perte, la haine ou l'admiration pour le rival et des reproches envers elle-même car elle n'a pu conserver l'objet de son amour. Les sentiments de culpabilité et de dévalorisation s'ajoutent à la perte. Parfois, la femme se sent doublement trompée, non seulement par l'infidélité dont elle a été l'objet mais aussi parce qu'elle n'a pas prévu qu'il pouvait la tromper.

Dans le cas de la maîtresse, de la femme qui maintient une relation tout en sachant qu'elle partage l'aimé avec une autre, la jalousie est une part fondamentale du scénario. Cependant, parfois, la maîtresse n'est pas autorisée à montrer ses sentiments et elle est obligée d'interpréter le rôle de la femme forte, généreuse ou patiente qui comprend tout et qui pardonne tout. Si, par erreur, elle en arrivait à exprimer sa rage, sa douleur ou sa jalousie, il est probable qu'elle écouterait des phrases telles que : « Tu sais bien depuis le début que je suis marié » ou « Pourquoi une scène de jalousie maintenant ? ». Il me semble que dans de telles situations il faut « accepter les règles du jeu », certes, mais il me semble aussi qu'ils sont tous les deux impliqués. Lui, il appartient à une autre et elle doit être reléguée, d'accord, ça, c'est la part du pacte qu'elle a signé. Mais lui ne peut pas prétendre qu'elle vive toujours cette situation avec élégance et résignation. La part du pacte que lui devrait signer consisterait à tolérer ses colères, sa mauvaise humeur et ses redoutables « scènes de jalousie ».

Vivre avec un jaloux, être scrutée continuellement par un œil qui la surveille est l'autre manière qu'a la femme de souffrir à cause de la jalousie. Dans ce cas-là, la mal aimée est l'objet d'une étroite surveillance et est soumise à des interrogatoires constants. Il est possible qu'une femme plongée dans une telle situation confonde persécution et amour, surveillance et attention, interrogatoires et dialogues. L'homme jaloux qui n'a pas confiance en sa femme, ne l'aime-t-il pas ? Si, il l'aime, mais il l'aime mal.

La peur

Nous connaissons tous de nombreuses relations qui de toute évidence nuisent à l'un des deux : « Pourquoi ne le quitte-t-elle pas ? » nous demandons-nous, nous qui observons de l'extérieur. « Elle ne le quitte pas parce qu'elle a peur. » Voilà la réponse la plus courante. Dans les grandes passions, on vit dès le début la peur au ventre.

De quoi a peur une femme qui n'ose pas se séparer d'un homme qui la fait souffrir ?

« Elle a peur de perdre une certaine sécurité économique », par exemple. Peut-être et c'est sans doute le cas de nombreuses femmes qui se sentent obligées d'affronter la vie seules avec des enfants à leur charge. Cependant, je connais plus d'une femme qui n'aurait rien à craindre de ce côté-là, parce qu'elle gagne plus que son mari ou parce qu'elle provient d'une famille aisée qui pourrait l'aider mais, pourtant, elle ne sépare pas parce qu'elle a peur.

« Elle a peur qu'il lui fasse mal si elle l'abandonne. » Voilà une réponse que nous n'arrivons pas à comprendre. Ne lui fait-il pas déjà mal ? La vie avec lui n'est-elle pas un calvaire ? Ne la fait-il pas souffrir constamment ? Que peut-elle craindre de plus ? Il est vrai que nous connaissons des hommes capables de faire payer l'abandon par la mort. Évidemment, ce n'est pas la majorité des cas, beaucoup de femmes doivent ressentir une peur ancestrale qui dépasse ce que nous laisse entrevoir la réalité.

« Si elle ne fait pas tout ce qu'il dit ou tout ce qu'il lui demande, elle a peur qu'il fasse mal aux autres, à ses enfants ou qu'il lui porte préjudice dans son travail. » C'est aussi possible et, dans la majorité des cas, on attribue à l'autre un pouvoir qu'il n'a pas dans la réalité. Je ne veux pas dire qu'il est « bon ». Il est vraisemblablement méchant, très méchant et il est disposé à faire du mal, beaucoup de mal mais il ne sait pas toujours comment s'y prendre ; pourtant elle, elle a toujours peur.

« Elle a peur de rester seule. » De perdre la sécurité que cette personne lui offre même si cette sécurité est toujours accompagnée de souffrance. Beaucoup de ces femmes sont continuellement seules dans leur vie quotidienne ; lui, même s'il a une famille, il continue à vivre comme s'il était célibataire ; et s'il est marié, il organise son temps à sa guise sans prendre en considération celle qui a peur.

La peur prend de nombreux visages et, la plupart du temps, elle est justifiée. Perdre pied, perdre la stabilité, rester seul ou faire mal à d'autres ne sont pas des mets de choix. Cependant, il me semble que parfois certains de ces visages, plutôt que des visages, sont des masques, c'est-à-dire des façades de la peur, qui cachent la véritable peur, la crainte la plus profonde, la plus terrifiante qui n'est autre que la détresse, rester sans défense, la peur de l'inconnu..., des sentiments infantiles très profonds.

Je veux préciser que lorsque je dis « sentiments

infantiles», je ne me réfère pas à des sentiments que seuls les enfants ressentent ni que ce soit un manque de maturité de montrer ces sentiments. Je dis que ce sont des expériences vécues qui ont été semées dans l'enfance et qui continuent à germer avec force. Ce n'est pas «parce que» nous avons ressenti de la jalousie ou de la peur dans l'enfance, que nous sentons de la jalousie et que nous avons peur maintenant. La jalousie et la peur que nous ressentons sont les mêmes que dans l'enfance. En effet, les émotions de l'âge adulte, nous les vivons de la même manière que nous les avons vécues quand nous étions petits. Les expériences infantiles ne sont pas «coupables» de ce que nous vivons; mais c'est le moule dans lequel prendra forme ce que nous sentons aujourd'hui. L'autonomie de l'autre nous dérange énormément, d'accord, personne n'aime sentir qu'on peut le remplacer, je le sais bien; mais lorsque qu'on dépend radicalement de la mère, lorsque l'on se sent «oublié», lorsqu'on la perd, ce n'est pas seulement notre amour-propre et notre dignité qui sont touchés; c'est une question de vie ou de mort. La jalousie, alors, se constitue comme un signal d'alarme, comme un geste de survie. La peur commande. «Si elle m'abandonne à mon sort, je meurs» ou bien, comme devait le penser Bertrand: «J'ai tellement peur de ce qui peut m'arriver si elle m'abandonne que je préfère mourir.»

La passion et la peur

Il m'a toujours semblé que la passion et la peur étaient intimement liées, qu'elles forment un amalgame comprimé et explosif dans lequel il est difficile de discriminer les composants de la bombe pour la désactiver. Les relations les plus passionnées, celles qui donnent le plus de plaisir, celles qui font le plus souffrir sont aussi celles dont nous craignons le plus la fin. La passion réveille l'expérience infantile de plénitude et l'horreur du vide avec la même intensité.

Une femme vit sa vie paisiblement, elle se lève le matin, elle travaille efficacement, elle parle avec ses amies… disons qu'elle a une vie en noir et blanc mais tranquille. Elle rencontre un homme, elle tombe amoureuse. Tout change, maintenant la vie se déroule en couleurs. Tout est merveilleux… sauf la peur. Il y a deux semaines quand elle ne le connaissait pas encore, elle pouvait vivre sans lui, aujourd'hui, chaque fois qu'il tarde à appeler, elle croit qu'elle va en mourir, elle ne peut plus travailler comme avant, l'angoisse se répand, la tachycardie ne la laisse plus respirer, les amies ne lui servent à rien et elle dort mal. Elle a touché le plein bonheur mais maintenant elle vit dans la crainte constante de le perdre. Ce n'est pas seulement la peur de perdre quelqu'un qui s'appelle José, ni la peur d'une vie grise ; au contraire, lorsque l'angoisse se resserre, cette femme qui était enchantée de la splendeur des couleurs, donnerait n'importe quoi pour revenir au noir et blanc de son ancienne vie et respirer à nouveau et dormir une nuit entière. Ce qu'elle sent, c'est quelque chose de bien pire : c'est la peur de la mort.

L'amour et la passion sont des expériences capables d'abattre toutes les murailles derrière lesquelles nous nous abritons habituellement dans la vie quotidienne. Grâce à son intensité, l'amour passionnel se rapproche dangereusement d'un noyau vivant, cru et mou qui est normalement bien à l'abri et qui est seulement dramatiquement exposé dans des circonstances extrêmes : dans des situations traumatiques, dans des moments de danger, lors d'un deuil, pendant les secondes culminantes d'un orgasme, avec certaines drogues, après un accouchement, dans certaines expériences religieuses ou dans les bras de l'amour. Il s'agit d'un noyau dans lequel cohabitent la plus grande dépendance, la plus profonde détresse et où l'on vit complètement sans défense.

La manière dont nous nous rapprochons de ce noyau va déterminer si nous arriverons au septième ciel ou si nous allons nous laisser happer par les sables mouvants. Mais le seul fait de toucher ce noyau, de le réveiller de sa léthargie, de le sortir de sa cachette, nous place dans une situation à risque. Si nous nous voyons comblés, protégés, la sensation de plénitude sera complète et l'expérience d'une émotion océanique inondera tout. L'orgasme, les expériences religieuses, le meilleur moment de l'amour et le meilleur moment de l'intoxication par des drogues nous en donnent des preuves. Celui qui le vit est persuadé que ça a valu la peine de prendre le risque ! Si, au contraire, ce noyau reste à découvert, éveillé et en même temps négligé, le vertige s'installera ainsi que la terreur et l'horreur du vide, une angoisse de mort avec laquelle il est difficile de vivre. C'est ce type d'expériences qui est le revers de la médaille et qui nous donne, par exemple, un « mal amour », l'autre visage des drogues, la dépression après l'accouchement, un accident grave ou la perte d'un être aimé.

De la dépendance à l'autonomie

Seule notre propre autonomie nous aidera à nous remettre des ravages de la dépendance que nous avons à l'égard de l'autre ou de notre soumission totale à l'autre. C'est le seul antidote sur lequel on peut compter. Si l'autonomie de l'autre nous pèse, la nôtre par contre est liberté.

Lorsque des patients découvrent l'horreur d'être trompés, je ne peux que leur montrer le chemin de leur propre autonomie mentale. Qui suis-je pour leur conseiller : « Récupérez votre mari ! » ou bien : « Quittez votre femme ! ». Néanmoins, je peux leur faire comprendre qu'eux seuls peuvent décider, qu'ils ont leur mot à dire dans leur propre histoire, que, s'ils veulent, ils peuvent se séparer, qu'ils peuvent aussi essayer de reconquérir l'autre, qu'ils ne doivent pas se flageller en restant dans le rôle de la victime. Même s'ils sont brisés de douleur, même s'ils sont en bien piteux état, ils peuvent s'en tirer. Ils peuvent pardonner ou condamner, il y a quelque chose qu'ils peuvent faire par eux-mêmes. Dans ces cas-là, il n'est pas approprié d'effeuiller la marguerite, il vaut mieux se poser d'autres questions telles que « Ça vaut la peine ou ça ne vaut pas la peine ? »

Il y a des blessures d'amour que seule l'indépendance guérit, pas l'amour… Pouvoir dire : « Je dispose de mon temps, de mes heures de travail, de mes loisirs, de mes amis, de moi-même et il existe encore une vie après une rupture ! » est le meilleur remède sur lequel on peut compter, c'est la seule chose qui va nous rendre notre dignité.

Parfois, la propre autonomie n'est pas vécue avec satisfaction, n'est pas utilisée comme un outil pour grandir mais comme une punition, comme si on retournait là où la vie s'écoule en noir et blanc. Lorsque cela arrive, c'est parce que là où on dit indépendance, on lit solitude et là où on dit solitude, on lit abandon.

L'autonomie de l'autre est une croix avec laquelle nous devons apprendre à vivre très tôt. Même si les liens qui maintiennent uni le couple sont forts, même si les promesses d'amour éternel ont été réitérées, nous savons qu'il existe toujours un coin de liberté individuelle qui, en dernière instance, amènera chacun des deux à décider s'il respecte ou pas son engagement de loyauté. Ce territoire de l'autre que je ne peux pas conquérir, dans lequel seule règne son indépendance, est ce qui nourrit la jalousie et le désir. De cette horrible vérité, nous ne pouvons nous défendre qu'avec notre propre indépendance. Chacun de nous est maître de son territoire. Personne n'est maître de personne.

Mais nous tous, hommes et femmes, nous vivons sous l'effet de cette première passion déchirante : maman. Nous souffrons tous une première trahison impardonnable : maman. Cette passion, puis cette trahison, nous rendent vulnérables pour toujours. Et nous tous, hommes et femmes, tout comme Bertrand, Hélène, Boris, Céline, et tant d'autres, comme n'importe quelle Rebecca, nous faisons ce que nous pouvons pour survivre, tant bien que mal, aux ravages de cette passion, aux blessures de cette trahison.

CHAPITRE XIII

Les amies

Je ne connais aucune femme qui puisse endurer toute seule les souffrances d'un « mal amour ». À qui faire appel ? Comment se protéger ? Devant qui déposer la feuille de réclamations ? Contre ces souffrances, les options sont multiples. Pourtant, il me semble que les trois principales alternatives, celles que nous avons à portée de la main, sont les amies, les thérapeutes et les oracles.

Les amies sont des oreilles assidues capables de supporter le récit euphorique des débuts heureux, les hauts et les bas, les disputes et les retrouvailles. Elles supportent qu'on leur pose des lapins : « Oui, je sais qu'aujourd'hui on avait rendez-vous mais il m'a téléphoné, ce n'est pas grave, non ? Toi, tu me comprends. » Eh oui, la grande majorité des amies comprennent et malgré le rendez-vous manqué, elles sont toujours là, les confidentes qui nous soutiendront quand à notre tour nous serons les oubliées, les mal aimées.

De l'autre côté, à l'autre extrême, il y a le thérapeute qui n'apparaîtra sur la scène qu'en cas de besoin et à la demande de l'intéressée. Nous verrons que le thérapeute remplit une fonction spécifique, différente de celles des amies. Le thérapeute commence là où les amies ne peuvent plus rien faire.

Entre les amies et le thérapeute, il reste un recours. J'ai désigné par le terme « oracle » tout ce que nous utilisons pour trouver des réponses dans des moments d'angoisse et d'incertitude. Sous cette appellation, on trouverait des instances aussi diverses et variées que l'horoscope, les cartomanciennes ou les livres de développement personnel ; tout ce qui peut offrir à l'usager un meilleur destin, une résolution élégante, au moins jusqu'à nouvel ordre.

Les amies

Évidemment, en tant que femme, j'ai connu de près l'importance des amies et le rôle qu'elles jouent tout au long de la vie d'une personne.

Mais au-delà de l'expérience personnelle, en tant que thérapeute, j'ai la certitude que l'amitié est une relation d'une très grande valeur, spécialement entre femmes ; quand j'ai une nouvelle patiente, durant les premiers entretiens, je cherche, entre autres, à savoir comment elle vit ses amitiés.

A-t-elle des amies ou non ? Quel type de relation entretient-elle avec ses amies ? Sont-elles des amies de toujours, des amies d'école ? N'a-t-elle que des amies récentes ? Beaucoup d'amies ou seulement une ou deux ? Peut-elle compter sur ses amies dans les moments difficiles ? Ses amies peuvent-elles compter sur elle ? Toutes ces questions nous apportent des informations précieuses.

Ses amies permettent de mesurer la capacité qu'a une femme de tisser des liens. Spécialement à l'époque de l'adolescence, les amies sont un point de départ. C'est le seul miroir dans lequel cette adolescente qui change constamment peut se reconnaître. Les amies sont un cadre de référence. Ce sont des sœurs, des jumelles choisies, des doubles.

Des conseillères sur certains sujets et des disciples sur d'autres.

Les chemins de l'amitié se ramifient et ce qu'une amie nous donne aujourd'hui, une autre nous le demandera demain. Par exemple, j'ai une amie d'enfance qui est très belle, si belle qu'elle a été élue Miss Venezuela. Moi, je n'aurais jamais pu rivaliser avec elle sur ce terrain mais elle, elle m'a enseigné à m'affiner les sourcils et à me colorer les joues comme il faut. Pendant des années, j'ai eu accès grâce à elle à une armoire pleine de vêtements qui ressemblait à la caverne d'Ali Baba. En échange, je lui offrais mon oreille, toujours prête à écouter ses histoires. Moi, j'étais l'« intellectuelle » et de temps en temps je lui recommandais la lecture d'un livre. Après toutes ces années, mon amie d'enfance m'appelle encore de temps en temps pour me raconter les problèmes qu'elle a avec ses enfants ou me raconter un rêve. Maintenant, c'est elle qui me recommande des lectures et elle surveille toujours au millimètre près l'état de mes sourcils.

J'ai une autre amie, plus récente, avec qui je n'oserais jamais rivaliser sur le plan intellectuel. Il s'agit d'une collègue brillante qui connaît bien l'œuvre de Freud, presque comme si elle l'avait écrite elle-même. La bibliothèque de son cabinet est à ma disposition comme l'a été à une époque l'armoire de Miss Venezuela. Dans ce cas, c'est moi la frivole qui suggère les modes vestimentaires et recommande les couleurs les plus adéquates. Je peux compter sur l'une comme sur l'autre et toutes les deux peuvent compter sur moi aveuglément pour partager leurs peines et leurs bonheurs et le plus appréciable, c'est que je pique des fous rires avec toutes les deux.

L'amitié entre deux femmes dépendra de la capacité de chacune d'elles de ne pas se laisser ensevelir par l'envie. Dans l'amitié, l'envie et la rivalité se subliment ; il n'est pas nécessaire de « s'approprier » ou de « voler » les attributs d'une amie parce qu'ils sont à notre disposition dans la même mesure que les nôtres le sont pour elle. L'envie se désactive parce que ce qu'elle possède est à nous et inversement, parce qu'elle c'est moi et moi je suis elle, parce que ses triomphes sont mes succès et ses échecs, mes défaites. Les amies nous complètent et elles sont là pour que nous nous utilisions mutuellement – dans le meilleur et dans le pire des sens –. Les amies doivent fonctionner comme fonctionne l'ours en peluche d'un enfant et on peut les utiliser de la même manière dès que le besoin s'en fait sentir. Selon le moment, le petit ne peut pas respirer s'il n'a pas son ours à côté de lui, puis il l'abandonne dans un coin parce qu'il se sent très grand et bientôt il va le rechercher et le récupère désespérément lors de la naissance d'un petit frère parce qu'il se sent remplacé.

Avoir des amies, c'est sans aucun doute une chance et c'est un art de savoir les garder. J'ai entendu je ne sais plus quelle star nous raconter son secret pour se faire tant d'amies. Ça ne semblait pas très compliqué mais le mettre en pratique demande une certaine habileté. Son secret consistait à savoir demander à chaque amie, uniquement ce qu'elle pouvait donner. À l'amie qui est capable de rester avec vous jusqu'à trois heures du matin, ne demandez pas de répondre à vos messages quotidiens. Celle qui est au courant de votre vie et qui vous appelle toutes les semaines ne vous prêtera jamais vingt euros. Par contre celle qui accepte de vous prêter vingt euros, n'attendez pas d'elle qu'elle se rappelle votre anniversaire et ainsi de suite. Mais en fait, fréquemment, nous ne respectons pas cette maxime si minime soit-elle et nous les pensons toujours prêtes à tout et voilà d'où viennent les problèmes, les malentendus et les ressentiments entre amies.

Amies témoins

En ce qui concerne les amours, les amies suivent un cycle prévisible. Au début, elles sont le public objectif et elles applaudissent l'élue, sa chance d'avoir rencontré cet être surnaturel. Les amies assistent à la retransmission en direct de chaque mouvement : les débuts, l'incertitude, l'émotion de chaque rencontre. « Aujourd'hui, il l'a regardée ! », « Il appellera ou il n'appellera pas ? »… C'est comme si elles répondaient toutes ensemble au téléphone quand il appelle, comme si elles se faisaient toutes belles et assistaient ensemble au premier rendez-vous… C'est comme si elles vivaient le lendemain de la rencontre, et l'attente, et le jour suivant… Il arrive un jour où les amies n'ont plus leur place sur la scène et, délaissées, elles font la ronde parce que l'élue n'a plus besoin d'elles. Quand elle est avec lui, les amies sont en trop, et c'est comme ça que ça doit se passer.

Les amies pourraient faire un graphique de l'état précis dans lequel se trouve la relation de leur amie à tout moment. Si tout va bien avec l'amoureux, elles, elles sont en trop et elles n'existent plus. Quand la relation commence à aller mal, elles sont les premières à le savoir. Elles écoutent les malheurs et immédiatement, naïves comme elles sont, elles prennent le parti de l'amie contre le « méchant ». Alors l'amie s'offense parce qu'elles ne la comprennent pas. Elles ne comprennent pas que ses plaintes ne prétendent pas remettre en cause les bontés de son dieu.

Les amies devraient comprendre que la protagoniste a été choisie pour recevoir une révélation divine et il faut donc en payer le prix, mais c'est tout. Elle est la seule à savoir qui est le véritable-dieu-véritable. Elle sait qu'il se fait appeler Antoine ou Hugo pour dérouter, mais elle, qui le connaît profondément, elle, qui le connaît intimement, elle qui a eu la chance de passer quelques nuits avec lui, elle sait que c'est dieu !

Les amies subissent, se réjouissent, vivent les avatars de la relation, les hauts et les bas, les disputes irréparables et les violentes retrouvailles des amoureux. Quand il la quitte, elle se rapproche de ses amies et quand il revient, elle les abandonne de nouveau.

Pour mériter le titre d'amie, il faut être là, comme si on n'avait rien d'autre à faire que d'attendre le bulletin de sa météo émotionnelle : tempêtes, soleil rayonnant, mer houleuse, nuage variable et le tsunami ! Après le tsunami, les amies sont spécialement nécessaires pour rassembler un à un les morceaux éparpillés sur la rive et en prendre soin tendrement jusqu'à ce qu'elles puissent reconstruire leur amie. Les amies recousent ses morceaux avec des fils de leur propre peau comme d'autres amies l'ont fait pour elles quand elles étaient dans le même état. Les amies nous prennent par la main, nous donnent à manger et nous réapprennent à marcher. Les amies promettent un meilleur avenir, un avenir que, selon elles, leur amie mérite. Pourtant, quand la convalescente semble de nouveau sur la bonne voie, tout tombe à l'eau. Il suffit d'un seul appel téléphonique, de la seule voix d'Adam, pour que tout l'échafaudage émotionnel que l'amie a monté s'écroule.

Et, il faut savoir s'adapter à cette nouvelle scène ! Parce que, après la réconciliation, les amies deviennent des témoins incommodes. Leur présence rappelle à l'amoureuse la douleur d'hier et elle, elle ne veut rien voir d'autre que le bonheur présent. Elle ne veut qu'être heureuse avec cet homme extraordinaire qui l'aime tant et qui l'a tant fait souffrir sans le vouloir. Parce qu'en fait ses amies ne le connaissent pas aussi bien qu'elle et c'est pour cela qu'elles ne le comprennent pas. Les amies deviennent alors l'ennemi du bonheur du couple. Il faut les éviter, les maintenir éloignées pour qu'elles n'altèrent pas l'image idyllique de cette union soi-disant heureuse.

Et il en est ainsi dans toutes les relations ; avec les bons et les mauvais amours, avec les amies mal aimées et avec les bien aimées. Mais quand ça ne va pas, les amies se transforment en messager inopportun, porteur d'un message dont on ne veut rien savoir.

La mal aimée disparaît, s'évapore, a honte d'être tombée dans le même piège pour la énième fois. Elle a honte même face à ses amies les plus proches et elle s'enferme dans son bunker de douleur parce qu'elle est la seule à savoir que le véritable bonheur va arriver. Elle cache à ses amies les « bonnes nouvelles », elle leur cache que dieu l'a appelée directement sur son portable et la rencontre passionnée, désespérée qu'ils ont vécue cette nuit. Il n'y a pas de doute : c'est bien dieu ! Et ceci jusqu'à la prochaine fois.

Elle reviendra, malheureusement tôt ou tard, elle reviendra humiliée, blessée, mal aimée, plus mal aimée que jamais, contusionnée par l'angoisse. Elle viendra chercher refuge, le réconfort d'un café dans l'après-midi, d'un petit déjeuner ou bien d'un pot dans la soirée. Alors les amies auront de grands mouchoirs pour sécher tous ses pleurs, des bandages pour ses plaies, des mots pour calmer sa peine.

L'amie a écouté cent fois l'histoire, la même histoire, avec le même final prévisible, et elle l'écoute de nouveau comme si c'était la première fois, comme si c'était une autre histoire. L'amie le pense mais ne dit pas : « Je le savais, je te l'avais bien dit, qu'est-ce que tu croyais ? On le voyait venir… » Mais peu importe, quoi qu'elle dise ou qu'elle taise, ce qui compte, c'est qu'elle soit là. Car la fonction d'une amie, c'est d'être là.

Amies sans Frontières

Une fois, j'ai rencontré une Ève. Quand elle a su que j'étais en train d'écrire ce livre, elle m'a raconté son histoire. Elle s'était abandonnée sans retenue au désarroi d'un « mal amour ». Son Adam était du type « pécheur intermittent », de ceux qui vont et viennent. De ceux qui, après une nuit délicieuse de jouissance et de passion, ne disent pas : « On se voit demain », mais disent : « Ne m'appelle pas, c'est moi qui t'appellerai… » Et évidemment… Adam n'appelle pas. Il ne répond pas non plus aux appels qu'Ève s'est bien juré de ne pas passer et qu'elle a quand même passés. Et c'est comme si la terre l'avait engloutie jusqu'à ce qu'un après-midi, deux mois après – ou deux ans – il rappelle comme si de rien n'était.

Soumise à ce régime de passions et d'imprévus, d'abandons et de retrouvailles, Ève perdait du poids et dormait mal. Adam, au lieu de lui donner un enfant, lui avait donné des angoisses et Ève était obligée de vivre avec un nœud à l'estomac qui grandissait comme si un monstre l'habitait ; un démon poilu avec des dents et des ongles, qui la mordait et la griffait de l'intérieur. Ève ne pouvait pas vivre avec Adam et n'était pas non plus capable de vivre sans lui.

Quand j'ai connu Ève, Adam était sorti de sa vie. C'est alors qu'elle a appris ce que ses amies avaient fait des années auparavant. Ève avait beaucoup d'amies de toutes sortes mais l'amitié de deux d'entre elles s'était forgée dans la cour du collège ; ce type d'amies avec qui l'on partage, avec un même naturel, les crayons de couleur, le goûter, les confidences sur le premier baiser et les premières règles. Appelons-les Françoise et Véronique.

Françoise et Véronique, si proches d'Ève, n'ont jamais pu connaître Adam parce que celui-ci ne voulait pas s'engager. Finalement pendant l'une de ces nombreuses rechutes, un de ces jours où la souffrance avait amené Ève aux urgences à cause d'une crise d'anxiété, ses amies ont formé un Commando Anti-angoisse, sont devenues des Amies sans Frontières, disposées à tout pour sauver leur Ève des griffes de cet Adam.

L'une d'elles alla à la recherche d'Adam et finit par trouver l'adresse de son lieu de travail. Elle l'appela et prit rendez-vous avec lui comme s'il s'agissait d'un entretien de travail. Puis Françoise et Véronique se sont rendues à ce rendez-vous pour parler « d'homme à homme » avec l'énergumène, pour lui mettre les points sur les *i* et lui interdire définitivement de revoir et torturer Ève. Bien évidemment, Adam fut charmant avec les deux amies, bien évidemment il désactiva le commando en leur promettant fermement de ne plus nuire à Ève, bien évidemment il jura ses grands dieux de n'en souffler mot à personne, et bien évidemment il les mit gentiment à la porte en quinze minutes. Puis il continua, bien évidemment, à n'en faire qu'à sa tête.

Faire irruption dans le bureau d'un Adam, même cet Adam-là, c'est aller un peu trop loin, mais une amie peut-elle « aller trop loin » ? Certes les amies sont là pour « aller trop loin » et s'imposer jusqu'à s'installer dans la cuisine. Et on ne peut pas dire mieux, parce qu'il y a des cuisines chaudes, inventées pour les confidences entre femmes. Les amies donnent leur avis, conseillent… c'est leur obligation. C'est pour cela qu'elles sont amies. Une exception : il faut savoir arriver jusque dans la cuisine et ne pas franchir le seuil de la salle de bains. Il y a des intimités que même la meilleure amie ne doit pas violer, il y a des « vérités » qui ne soulagent pas, qui font seulement mal.

Si les portes sont grandes ouvertes pour l'amie, elles ne le sont pas pour le thérapeute, lui, il attend. Il écoute avec la même attention le récit du désastre, de la chute et de la récupération, celui des retrouvailles et des adieux. Car le thérapeute écoute autre chose, une autre histoire, pas l'histoire officielle mais l'autre, la secrète, l'histoire infantile, l'origine de toutes les histoires.

Amies thermomètres

Mais ce n'est pas tout, les amies sont aussi un thermomètre irremplaçable qui prend la température exacte d'une relation. Et être attentive au signal d'alarme qu'elles lancent vaut vraiment la peine car elles ne se trompent presque jamais. Attention ! Quelque chose va mal quand apparaissent certains symptômes parmi les amies d'une femme.

— Quand les amies commencent à détester son copain.

— Quand son copain devient un sujet « tabou » que certaines amies évitent et qu'elle aussi finit par éluder.

— Quand elle commence à raconter la dernière

misère qu'il lui a faite et que les amies fuient pour ne plus écouter la même histoire.

— Quand elle-même a honte et préfère ne pas leur dire qu'elle s'est de nouveau réconciliée avec son Adam.

— Quand ses amies commencent à s'exaspérer et à perdre patience en l'entendant énumérer ses péchés.

— Quand ses amies forment un commando et se réunissent pour parler sérieusement avec elle, comme Françoise et Véronique qui se sont débrouillées pour parler sérieusement avec lui.

— Quand il n'y a plus de place pour ses amies dans sa relation et qu'elle les abandonne complètement pour lui, parce que Adam préfère garder ses distances car il ne veut pas se compromettre.

— Quand plus de trois amies lui offrent ce livre ou un livre qui s'appelle *Femmes qui aiment trop*.

— Quand ses amies la traînent chez un thérapeute.

Quand une de ces circonstances se produit, cette femme doit prendre le temps de réfléchir et se demander ce qui se passe dans cette relation puisque ses amies ne l'approuvent pas. Généralement, ce n'est pas que ses amies ne l'aiment pas ou ne la comprennent pas, ce n'est pas non plus qu'elles l'envient ; ce qui se passe, c'est que ses amies l'aiment et lui veulent du bien.

Mais ne vous inquiétez pas, à la fin des histoires d'amour, ses amies seront là pour pleurer, pour rire avec elle, pour l'accompagner dans le processus de deuil, pour l'aider dans la reconstruction et l'encourager à trouver un autre homme qui l'aimera mieux.

CHAPITRE XIV

Les oracles

Lire les cartes

VIRGINIE

Depuis quelques semaines, Virginie était plus silencieuse que de coutume, elle languissait, semblait souffrir. Pendant une séance, elle m'en a avoué la cause ; un garçon qui s'appelait David lui plaisait mais il y avait un problème :

« Il est plus grand que moi, m'a-t-elle dit. Mais… moi, il me plaît… même s'il est plus grand que moi… »

Elle voulait connaître mon avis. En principe, la taille ne devrait pas être un empêchement pour un amour, aussi fort que celui qu'elle lui voue, même si effectivement David est bien plus grand que Virginie. Quand Virginie sera à l'université, cette différence de taille n'aura plus aucune importance. Le problème, c'est que, maintenant, Virginie n'a que six ans et David en a onze.

Cette petite différence fait que David n'a même pas remarqué l'existence de Virginie mais elle ne se résigne pas et elle continue à penser à lui jour et nuit.

Virginie rêve de devenir célèbre parce qu'elle

pense qu'ainsi David ne pourra pas ne pas la voir. Et alors, s'il la voit, dès qu'il la verra, elle sait que lui, il tombera follement amoureux d'elle et leur amour sera réciproque. Il suffit qu'il sache qu'elle existe.

C'était à l'époque où la première édition de la *Star Academy* faisait fureur et Virginie m'a avoué :

— Moi, je veux être célèbre comme Lea (Lea est une chanteuse de la *Star Academy* qui a eu une relation sentimentale avec un autre chanteur : David).

— Bien sûr ! lui ai-je dit, d'ailleurs Lea a un copain qui s'appelle David.

Et toutes les deux nous avons ri de « la coïncidence ».

Pour réussir à être « célèbre comme Lea et avoir un copain qui s'appelle David », Virginie inventait des chansons d'amour pour son amoureux avec des paroles du style : « … David, David, viens chez moi et donne-moi un baiser. Moi, je te donnerai mon bonheur… » ou bien : « David, mon cœur t'attend. Viens près de mon cœur, David, David. »

Virginie et moi, nous jouions aussi aux cartes pendant ses séances. Sa grand-mère adorait jouer aux cartes et Virginie connaissait de nombreux jeux qu'elle m'enseignait. Elle dominait le vocabulaire de base : « faire des trios » et « faire des escaliers ». Un jour, Virginie m'a proposé un nouveau jeu :

— Nous allons former des couples ! a-t-elle dit.

Moi, je croyais que c'était un autre jeu de la grand-mère. Mais non, c'était un jeu qu'elle avait inventé elle-même et elle m'en a expliqué les règles avec soin :

On place toutes les cartes retournées. D'un côté les rouges, ce seront les filles, de l'autre les noires, ce seront les garçons. Les cartes rouges ronchonnent parce qu'elles veulent avoir un copain et vont le chercher là où il y a les noires. Virginie prend alors sans regarder une des cartes noires pour « former des couples ».

Le jeu consistait donc à « former des couples » dans le sens le plus littéral du terme. Le numéro de chaque carte représentait l'âge de la fille ou celui du garçon. Nous avons commencé à jouer. Nous « formions des couples » et nous les mettions de côté :

— Une petite fille de cinq ans avec un petit garçon de cinq ans aussi…

« Ils doivent être dans la même classe, disait Virginie. Regarde, une fille de sept ans qui va se marier avec un garçon de douze ans ! »

J'en profitais alors pour faire référence à certains problèmes pour lesquels Virginie était venue me voir :

— Tu imagines que le garçon de douze ans suce encore la tétine ou qu'il fait toujours pipi au lit ?

Et nous riions toutes les deux…

Nous avons continué à faire des tas de « couples » inutiles. Jusqu'à ce qu'enfin, un six de carreau a choisi un « valet » de trêfle ! Virginie a souri, m'a regardée avec les yeux mi-clos, elle a soupiré… et elle a confirmé :

— Tu vois ? Une fille de six ans avec un garçon de douze !

Elle s'est levée en sautant et en criant :

— Je le savais ! David va être mon copain ! David est mon copain ! David est mon copain !

Virginie n'a que six ans et elle promet. Cette « lecture de cartes » ne me semble pas bien différente de celle pour laquelle tant de femmes paient une « voyante ». Le hasard conduit un roi près d'une reine, un grand arcane près d'un autre et les dés sont jetés. Le destin est écrit, un point c'est tout. Grâce au jeu de « Former des couples », Virginie et David sont déjà en couple, une femme découvre, au hasard d'une carte qui glisse au moment voulu, qu'elle sera éternellement heureuse auprès de son roi de cœur.

De telles convictions permettent aux humains – à certains davantage qu'à d'autres – de fuir la réalité. Qu'importe si un homme nous ignore, comme David ignore l'existence de Virginie ? La vérité se cache entre ces cartes de couleurs fragiles et usées par le poids du destin. Les cartes ont raison : le roi de cœur sera à nous.

GUSTAVE

Gustave a trois ans, il adore regarder des livres de contes et comme il ne sait pas encore dessiner, il me demande de lui dessiner sur des feuilles certains personnages fondamentaux pour lui : un garçon et une fille (plus connus sous le nom de Hänsel et Gretel), Papa (père de la Petite Sirène), la Petite Sirène, la maman de la Belle au Bois Dormant, la Marâtre-sorcière de Blanche-Neige, le crocodile de Peter Pan, Cendrillon avec « des talons », plusieurs Princes et ainsi de suite. Une fois qu'ils sont dessinés, Gustave découpe le morceau de papier où apparaît le dessin et commence à « ordonner » en plusieurs tas ces personnages si significatifs de son univers intérieur. Sur un tas, il place les sorcières et le crocodile. Et sur un autre tas, tous les autres personnages. Cette fois-ci, la classification consiste à les séparer en « bons et méchants ». Puis, il les classe en « garçons et filles », indépendamment du fait qu'ils soient bons ou méchants, et ensuite par « petits et grands ». Ainsi, l'univers de Gustave est entre ses mains et il peut l'organiser comme il veut. Pour le moment, tout est toujours divisé en deux groupes qui n'occupent pas nécessairement les mêmes catégories : bons et méchants, garçons et filles ou grands et petits. Parfois « il cache les grands » ou « il punit les méchants et les enferme ».

Tout en observant ce jeu, il m'a semblé que Gustave avait inventé les cartes du tarot sans le savoir et qu'il « se tire les cartes » lui-même à sa manière, avec ses représentations mentales qui apparaissent sur ces petits morceaux de papier et qui sont une sorte de Grands Arcanes, des figures qui structurent le psychisme et permettent à un enfant de trois ans de sentir qu'il peut contrôler son destin. Grâce à ce jeu, Gustave a mis de l'ordre dans sa tête et son chaos intérieur est maintenant habilement organisé, grâce à ce jeu de cartes si simple et à la fois si universel.

Avec le jeu de Gustave, je veux montrer que les personnages significatifs de l'humanité, leurs grandes préoccupations : les bons et les méchants (représentant l'amour et la haine), les grands et les petits (représentant la différence entre les générations), les garçons et les filles (représentant la différence sexuelle), trouvent une voie de représentabilité à travers ces figures mythiques qui prennent le corps et l'aspect humains dans les cartes que l'enfant crée et utilise pour jouer. Ces cartes ne sont pas l'univers fortuit de Gustave mais la conséquence logique d'un besoin.

Même si je suis convaincue que c'est Gustave qui a inventé les cartes du tarot à l'âge de trois ans, les livres disent que l'histoire de ce jeu remonte à l'an 1000 avant Jésus-Christ, quand les Chinois lisaient leur avenir au moyen de dés en papier. En l'an 1000 après Jésus-Christ, les Arabes du Caire jouaient avec des cartes peintes à la main ressemblant à un jeu du XIVe siècle conservé aujourd'hui, qui a été, selon la légende, dicté directement par Toth, le dieu égyptien chargé de mesurer le temps et de prédire l'avenir. À la fin de ce siècle apparaît en Italie le jeu de Tarot, similaire au jeu espagnol, avec vingt-deux figures symboliques dénommées Grands Arcanes. Un exemplaire datant de cette époque est conservé à la Bibliothèque nationale de Paris. Avec le temps, les cartes cessent d'être utilisées exclusivement par les rois et la noblesse. La fabrication de papier et certains moyens techniques permettent leur divulgation. Les nobles commandent les cartes à des artistes et à des doreurs, alors que le peuple se contente de cartes réalisées au moyen de la xylographie. La classe moyenne joue avec des cartes gravées et c'est ainsi qu'elles se sont popularisées… pour arriver dans les mains de Virginie.

Depuis les cultures les plus anciennes, l'homme cherche une façon d'expliquer et de contrôler cet avenir si énigmatique dont le paradigme est représenté par le mystère de la mort.

Probablement le premier oracle qui a calmé l'incertitude d'une femme amoureuse a sans doute été la marguerite qu'Ève a interrogée ; « Adam, tu m'aimes ? un peu ? beaucoup ? à la folie ? pas du tout ? » « Il m'aime ! » « Adam-David est mon copain et en plus, oui, il m'aime ! »

La pensée magique

Aller voir une voyante, lire l'horoscope, consulter le Yi Jing, faire appel à la religion, ainsi que lire un livre de développement personnel, sont des occupations que beaucoup de gens cachent avec une certaine pudeur. On les consulte toujours « par hasard », sans le vouloir. Ils sont comme ces programmes déplorables de télévision qui obtiennent un maximum d'audience et que soi-disant personne ne voit jamais puisque tout le monde est concentré sur les documentaires d'Arte. Pour dissimuler notre utilisation de l'oracle, nous donnons aussi des excuses telles que le zapping : « Une amie m'a offert ce livre… », « La cousine d'une voisine m'a lu les cartes chez elle, mais moi je ne crois pas à ces choses-là », « Ça m'est égal, parce que je n'y crois pas… ».

Mon pays d'origine – le Venezuela – est un lieu où règne la pensée magique. La logique n'existe pas, tout ce qui arrive est dû à un miracle ou à un malheur inexplicable : nous sommes impertinents et charmants, des professionnels experts qui se paient la tête des gens. Ainsi, dans ce pays, quand j'étais gamine, il y a quelques années, toutes les filles de mon âge avaient une modiste qu'elles avaient héritée de leur mère, ainsi qu'une manucure qui était beaucoup mieux que celle de leur mère, et une voyante attitrée (ou deux) qu'une amie leur avait recommandée et qu'elles partageaient avec leur mère. Aujourd'hui encore, alors que l'aide psychologique est très répandue dans mon pays, le thérapeute et la voyante se superposent sans rivaliser et aucun des deux ne penserait mettre en doute l'importance et la pertinence de l'autre.

Le sujet ne me scandalise pas du tout. Moi aussi, j'ai fréquenté les cartomanciennes. Elles m'ont très souvent lu les cartes, tous types de cartes. Elles ont lu mon avenir dans le marc de café, le tabac, la carte astrale, la cire d'une bougie et sa flamme, les lignes de la main, celles de l'autre, les feuilles de thé… En fait, au Venezuela, les femmes vont voir plus souvent les voyantes que le gynécologue. Je dois dire que les dieux m'ont gratifiée d'une mémoire lamentable, et je ne me rappelle donc ni leurs promesses ni leurs prophéties, de telle sorte que je ne peux donc dire si elles se sont accomplies.

Mon expérience me permet de ne pas me scandaliser et de parler en connaissance de cause. Je sais ce qu'une femme attend dans ces cas-là : un avenir extraordinaire, un amour avec un grand A, un clin d'œil du destin. Par contre, les hommes « consultent » l'oracle comme l'a fait Œdipe, préoccupé davantage par le destin de Thèbes, sa ville, que par son avenir amoureux. Ils veulent connaître leur avenir professionnel, savoir s'ils auront argent, pouvoir et santé. Nous, nous voulons savoir si nous serons heureuses en amour. Et cela à n'importe quel âge. La mère de mon amie Lorsa est devenue veuve à la cinquantaine et n'a plus jamais eu de relation amoureuse. Maintenant, elle a quatre-vingts ans et encore aujourd'hui, de temps en temps, elle se fait lire les cartes du tarot à la recherche de l'homme de sa vie, un roi de cœur qui la sauve et la découvre et la couve et l'aime…

Comme Gustave, mon petit patient de trois ans, tout comme Virginie, ma patiente de six, nous cherchons à ce que l'au-delà nous offre ce qui nous est refusé ici-bas. Nous espérons que le destin nous réserve ce que la cruelle réalité nous refuse.

Cependant, je dois dire que la pensée magique ne prolifère pas seulement aux Caraïbes. En Espagne, j'ai pu voir que la majorité des chaînes de télévision régionale ne se consacrent pas au sport, ni aux documentaires sur le sexe et la violence dont les animaux sont les acteurs. Non, la majorité des chaînes locales sont consacrées à la lecture du tarot et nombreux sont les spectateurs qui appellent pour poser des questions, pour savoir, à travers les cartes, un peu plus d'eux-mêmes, de leur destin.

Le futur qu'offre le destin est soi-disant irrémédiable et l'on ne peut rien y faire, sauf se laisser aller et se lover dans ses desseins. Ce qui est écrit est écrit. Cependant, vouloir connaître le destin dans le but d'« être préparé à l'affronter » cache l'illusion que, d'une certaine façon, il peut être modifié.

Depuis que nous avons découvert la pire des nouvelles : que nous ne sommes pas tout, que nous ne sommes pas le plus important pour l'autre, nos plus grands efforts cherchent donc à rétablir une situation illusoire. Une situation où nous sommes tout, où nous pouvons contrôler l'environnement, où nous pouvons connaître et contrôler l'autre, où nous sommes maîtres de nous-mêmes et de ce qui va nous arriver. Voilà le dernier objectif de celui qui a recours à l'oracle : contrôler le destin, récupérer le trône et le pouvoir qu'il a perdu au berceau. C'est une recherche universelle et nous y participons tous quand nous achetons un billet de loterie, quand nous attendons l'arrivée du Père Noël : l'illusion.

Personne ne va se faire lire les cartes à la recherche de la « vérité » mais à la recherche du « bonheur ». « Un coup de chance t'attend au coin de la rue. » « Tu vas rencontrer un homme qui te rendra heureuse. » « Quelqu'un de ton entourage qui t'envie t'a jeté un sort. » Personne ne veut savoir que cette année non plus, il ne deviendra pas riche. Aucune femme ne veut savoir que le grossier personnage qui partage sa vie recommencera à la maltraiter le mois prochain, ni que les choses qu'elle ne réussit pas dans la vie ont à voir avec ce qu'elle fait ou ce qu'elle ne fait pas. Ça, elle le sait déjà ; pour le savoir, elle n'a pas besoin de cartes. Dans celles du tarot, on cherche les bonnes nouvelles ; pour les mauvaises, on a le journal.

Ainsi, ces consultations de l'au-delà ont une fonction fondamentale pour le psychisme : décréter une trêve contre la dureté de la vie quotidienne et l'espoir d'une meilleure vie.

Les livres de développement personnel

Connaissez-vous un livre qui ne soit pas un livre de développement personnel ? Ils le sont tous. Tous les livres nous aident à un moment donné de notre vie. Du livre d'école qui nous « aide » à apprendre la merveilleuse découverte de la lecture et de l'écriture, en passant par les contes de fées qui recèlent tout un monde d'ogres et de sorcières, les romans russes du XIXe siècle, la poésie qui nous prête ses mots pour l'amour ou la souffrance, pour enfin arriver aux essais qui nous inondent de questions… Bref, après le pain, le livre est la meilleure invention de l'humanité.

Mais nous allons parler de ce que nous connaissons tous : le livre typique de développement personnel. Dans tous les livres de développement personnel, nous pouvons retrouver un certain type de phrases. En voilà quelques échantillons : « Être heureux, c'est très simple. Il te suffit de suivre le chemin que je connais moi-même et que je mets à ton entière disposition. Sois positif, change la couleur de la moquette et arrache les miroirs de ta chambre. » Ou bien : « Contrôle tes émotions, suis un régime sain et cherche le juste milieu. » Ou encore : « Détends-toi, trouve l'équilibre entre ta vie personnelle et ta vie professionnelle, parle à ton fils comme si tu l'aimais. » Et évidemment : « Sois toi-même, limite-toi à un budget et ne dépense pas plus que ce que tu gagnes. » Et mieux encore : « Projette ton énergie intérieure, *mens sana in corpore sano* (ou est-ce l'inverse ?). » Sans oublier : « Ne l'appelle pas ou n'hésite pas à l'appeler, et, surtout, ne prends aucune décision avant que Saturne ne soit sorti de ta maison IV*. »

---

* Je ne pense pas dresser la liste des choses qu'une femme

Voilà c'est facile. Donc, si tu n'es pas heureux, sache qu'en plus tu es bête, parce qu'il suffit de mettre la chance de ton côté et le bonheur est à la portée de n'importe qui. Mais non, bien sûr que nous ne sommes pas bêtes puisque nous l'avons acheté et, en plus, nous l'avons lu ce livre qui connaît le secret du bonheur. Maintenant, nous mettrons en pratique ses conseils et tout sera différent. Au travail ! Changeons la couleur de la moquette, apprenons à être profondément spontanés, éloignons de notre esprit toute pensée suspecte et maigrissons… Il ne nous reste plus qu'à attendre que le bonheur arrive. Mais il n'arrive pas…

En fait, après cette trêve d'activités, sans préavis, sans savoir ni pourquoi ni comment, nous nous replions sur nous-mêmes, nous sommes de nouveau tristes et de mauvaise humeur. Les problèmes recommencent au travail, notre relation de couple va de mal en pis, pas moyen d'arriver à la fin du mois, les enfants nous tapent sur les nerfs : c'est la crise.

Par chance, l'industrie des maisons d'édition pense toujours à nous et quand nous arrivons à la conclusion que nous nageons de nouveau dans nos problèmes, il y aura dix nouveaux livres ou douze nouveaux titres qui nous promettront le bonheur et ses recettes infaillibles.

Sergio Bulat a consacré une grande partie de sa vie professionnelle à traduire des livres de développement personnel ; il a donc dû en lire beaucoup et a appris à bien les connaître. Il a fini par en écrire un qui s'intitule *Toujours la même chose*. Il essaie d'y expliquer les raisons de l'échec de la majorité de ces textes. Il apporte une justification assez

---

devrait faire à jeun pour être en forme, parce qu'une fois j'ai essayé et je devais me lever deux jours avant pour faire tout ce qui était à faire sur la liste et commencer à temps ma journée de travail.

évidente mais qui permet d'exposer ce qu'il a compris. Bulat dit que les livres de développement personnel dépendent plus du lecteur que de l'auteur. En effet, le lecteur de livre de développement personnel a entre les mains la possibilité de suivre ou de ne pas suivre les conseils que le livre lui propose, c'est lui qui choisit.

Je crois que le problème réside dans la condition humaine elle-même : être comme nous sommes. Le livre devrait commencer par un conseil universel : cessez d'être humain et peut-être qu'alors vous serez complètement heureux. Aucun conseil n'est facile à suivre, parce que toute recommandation qui vient de l'extérieur doit lutter contre l'inertie de notre propre nature, contre les esprits moqueurs de la résistance au changement et contre cette tendance qui nous caractérise et qui consiste à répéter une liste très limitée de règles de conduite qui viennent de notre enfance et de notre adolescence et qui n'obéissent pas à notre raison.

S'ils ne fonctionnent pas, s'ils ne nous changent pas, s'ils ne nous donnent pas le bonheur, pourquoi ces livres de développement personnel se vendent-ils tant ? Pourquoi si une personne qui n'a pas trouvé de réponse à ses difficultés dans un livre en achète un autre ? Peut-être parce qu'il faut chercher le « vrai » livre, celui qui nous donnera vraiment la clé du bonheur. Et si dans le fond tous ces livres et chacun en particulier avaient atteint leur but et c'est pour cette raison que nous continuons toujours à en acheter ?

La véritable fonction d'un livre de développement personnel

Le livre de développement personnel fonctionne chez le lecteur de la même manière que les cartes du tarot ou qu'un billet de loterie : sa promesse de bonheur suffit. Dans le fond, on ne lui en demande pas plus. Nous voulons tous gagner à la loterie, mais perdre ne nous y fait pas renoncer. Évidemment, il est fondamental pour gagner d'acheter d'abord un billet de loterie.

Le livre de développement personnel accompagne le lecteur quand il est sur le point de crier : « Mon royaume pour un peu de réconfort ! » Au lit, dans le métro, dans les moments où on se sent le plus seul, le plus perdu, le livre est là, à portée de la main.

Le livre de développement personnel a une autre qualité ; c'est un miroir kaléidoscopique. Même si le livre s'adresse à un public objectif très varié, tout le monde peut se retrouver dans un de ses paragraphes. Il est de bonne compagnie. Ceci nous permet de penser que : « Quelle que soit la personne qui ait écrit ce livre, elle parle de moi, de mon mari, de mes enfants, de mon chef, de ma collègue... De mon ambition, de ma passion ou de mes doutes. Il y a quelqu'un dans le monde qui pense à moi et qui sait comment je me sens et comment je suis... »

Ce reflet dans le miroir a d'ailleurs d'autres qualités. L'image du lecteur apparaît entourée de beaucoup d'autres personnes ayant le même profil. Le lecteur n'est pas seul. Dans certaines circonstances, il suffit parfois de savoir que d'autres personnes vivent la même expérience, que nous ne sommes ni les premiers ni les seuls, que nous ne sommes pas si bizarres que ça.

Le livre de développement personnel donne au lecteur l'illusion que la résolution de ses problèmes n'est pas seulement possible mais qu'elle pourrait même être plus ou moins immédiate. Et, mieux encore, que son destin est entre ses propres mains.

Il transmet la croyance qu'on peut être maître de son destin.

Une autre fonction caractéristique du livre de développement personnel, c'est de servir de cadeau ! « J'ai pensé à toi », « Je crois qu'il peut t'aider », « Moi, je ne l'ai pas lu mais peut-être qu'il peut être utile ». Ce sont des phrases avec lesquelles on enveloppe le livre comme s'il s'agissait d'un ruban ou d'un emballage cadeau. C'est une manière de prendre soin de l'autre sans l'accabler, sans l'engager. Une sorte de « ce n'est pas moi qui le dis, c'est écrit… ».

J'ai connu une patiente qui a commencé un traitement grâce à un livre de développement personnel. Elle s'était séparée de son compagnon et se sentait vraiment mal. Elle était déprimée, elle avait du mal à sortir de son lit, elle ne voulait voir personne, ni que personne la voie « démoralisée ». À cette époque, on lui a offert un livre de développement personnel. Il parlait de l'optimisme et du bonheur. Elle ne m'a pas dit si elle l'avait lu ou pas. Mais je sais que la seule présence du livre a accompli son objectif : horrifiée elle s'y est reconnue et elle a décidé de demander l'aide d'un professionnel. La personne qui le lui avait offert voulait qu'elle soit heureuse. C'était quelqu'un qui ne supportait pas de la voir souffrir, quelqu'un capable de réunir toutes ses économies pour acheter ce livre et lui assurer ainsi le bonheur : cette personne, c'était Claire, sa petite fille de six ans.

Grâce aux livres de développement personnel, on peut aussi obtenir des conseils utiles, pratiques qui nous facilitent la vie et que nous pouvons adopter et intégrer comme s'ils étaient naturels. Je me souviens encore du premier livre de développement personnel que j'ai lu. Il s'appelait *La Femme totale*, il expliquait comment rendre son mari insupportablement heureux pour qu'il ne puisse en aucun cas nous abandonner même s'il en avait l'intention. Je l'ai lu quand j'étais à peine une femme en herbe, je crois que j'avais à peine neuf ans. Une amie du collège l'avait découvert caché parmi les secrets de sa mère et l'avait apporté à l'école. Dans l'après-midi, avec quelques petites filles, comme nous étions conscientes de notre véritable mission dans la vie, nous remplacions les pages encore toutes chaudes du Catéchisme de la première communion par la Bible de *La Femme totale*. Alors que les garçons feuilletaient leurs premières revues porno, nous nous occupions d'apprendre les secrets du bonheur conjugal. Le livre était rempli de trucs ! Mais je ne me souviens que de trois :

1. Il faut chaque matin établir une liste d'obligations.
2. Cette liste doit s'établir par ordre d'importance et il ne faut jamais passer au paragraphe deux avant d'avoir terminé le paragraphe un.
3. Ah ! et le plus urgent de toute la liste, c'est toujours d'aller chercher les chemises de son mari au pressing.

Probablement, le reste des conseils devait être aussi productif mais, je suis désolée, je ne m'en souviens pas. Il me semble que ce sont les seuls que j'ai compris. Ils m'ont beaucoup servi : depuis l'âge de neuf ans, je donne la priorité à toutes mes listes et je ne remets jamais le pressing au lendemain !

Le véritable objectif du livre de développement personnel ne consiste pas à ancrer fermement le lecteur dans le royaume du bonheur même, mais c'est par contre sa véritable intention. Le livre de développement personnel ne remplace pas la compagnie d'un ami ni d'un processus thérapeutique. Mais par contre il nous donne quelques bons trucs qui peuvent être d'une grande utilité, de même qu'une promenade éphémère et réconfortante dans le pays de l'illusion… Et c'est déjà beaucoup. La vie est dure et parfois même épouvantable mais ce n'est que là, dans cette vie, que l'on peut tomber amoureux, voir la mer, danser et avoir des petits-enfants. C'est comme ça que je l'entends, tout ce qui aide à moins souffrir et à faire renaître l'espérance est bienvenu !

CHAPITRE XV

Les thérapeutes

Nous savons maintenant que les amies jouent un rôle très important dans la relation de couple de la plupart des femmes. Il est aussi très utile pour elles de pouvoir compter sur les oracles en tout genre. Nous en sommes donc arrivés à la question : et les thérapeutes ? En quoi sont-ils utiles ? Quand et pourquoi une personne prend contact avec un thérapeute ?

Quand une personne cherche de l'aide professionnelle, c'est parce qu'elle a déjà fait le tour de ses amies, de l'horoscope et de plusieurs livres de développement personnel et pourtant elle souffre encore. Car ni les amies, ni les cartes du tarot, ni les conseils des livres n'ont pu faire disparaître sa souffrance. Le patient qui vient me consulter pour suivre une psychanalyse est généralement déjà passé chez un psychiatre ; mais les médicaments, qui ont soulagé ses symptômes, n'ont produit ni changements ni améliorations dans sa vie. Nous verrons, par la suite, que les patients qui commencent une thérapie viennent souvent chercher un mélange d'ami efficace, de conseiller infaillible et de traitement tranquillisant.

En fait, le thérapeute doit faire son travail sans envahir le terrain des amies et sans offrir des promesses révélatrices qui sont le propre des oracles. Chacun doit s'en tenir à son rôle dans le cadre de ses fonctions. Une double ration de poivre ne remplace pas le sel, ni l'inverse.

La fonction du thérapeute consiste à aider le patient à penser et à comprendre son propre récit. Comment a-t-il pu en arriver là ? Quelle est l'histoire infantile qu'il est obligé de répéter ? Pour pouvoir penser et bien faire son travail, un thérapeute doit résister au courant de sympathie que le patient éveille en lui et rester à sa place sans empiéter les territoires d'autrui. Cela ne s'appelle pas de la froideur, mais du professionnalisme.

Tu pardonnes ou tu acceptes ?

Je me souviens d'Alice (malade du péché de soumission) dressant la liste de ce qu'elle considérait des offenses :

> Laurent m'a maltraitée en public et je me suis sentie ridicule devant ses amis, pourtant je lui ai pardonné. Il m'a promis de m'accompagner à un dîner de famille mais finalement, il m'a dit qu'il n'irait pas et j'ai dû y aller toute seule. Je ne lui en ai pas voulu et je lui ai pardonné. Une semaine après, il a osé me demander d'aller chercher sa sœur à l'aéroport et j'y suis allée même s'il ne le reconnaît pas, mais moi, je lui ai pardonné.

Plusieurs séances après, elle insistait. Je me souviens que lorsqu'elle parlait, elle s'élevait au-dessus du fauteuil dans lequel elle était assise. Oui, Alice décollait. De petites ailes poussaient dans son dos et une auréole de lumière brillait au-dessus de sa tête. Elle était bonne, que dis-je, bonne ? Infiniment bonne ! Compréhensive, compatissante et magnanime.

Au fil des histoires, l'image du Laurent d'Alice s'est transformée. Ses dents sont devenues des crocs, il s'est recouvert de poils et finalement il s'est retrouvé à quatre pattes. Laurent était devenu une bête. Il était clair que c'était lui le méchant, un méchant très méchant, impitoyable, insensible, un animal, un monstre. Comment peuvent se fréquenter deux êtres qui vivent dans des lieux aussi éloignés ? Elle, dans les hauteurs, là-haut, sur son nuage. Lui, en revanche, au fin fond de l'enfer, dans le coin le plus obscur, là où les flammes, ayant perdu leur couleur violette, ne sont même plus des flammes mais des cendres.

Que peut-on faire face à une telle situation ? Dans l'histoire antérieure, celle d'« Ève et Adam », on a vu ce que de bonnes amies sont capables de faire : se présenter dans le bureau du méchant pour le remettre à sa place.

Devant une situation aussi déséquilibrée, que peut faire un thérapeute ? En fait, je n'avais que les mots d'Alice et leur signification, son récit de l'histoire actuelle et ce qu'elle m'avait raconté de son histoire infantile. Je savais qu'elle était la fille unique d'une veuve et que depuis toujours elle s'était sentie une lourde charge pour sa mère et, par ailleurs, la seule consolation de cette femme déprimée qui avait perdu son mari prématurément. Nous ne savons pas comment la mère d'Alice a vécu cette situation, mais nous savons l'effet qu'elle a eu sur sa fille. Alice se sentait un poids pour sa mère, responsable de son malheur et coupable que celle-ci n'ait pu refaire sa vie qu'après de nombreuses années. Elle sentait qu'elle occupait la place du « mari », qu'elle devait prendre sa mère en charge, et elle s'occupait de son bien-être au prix d'efforts excessifs. Ce qu'elle vivait avec sa mère, elle le vivait aussi, comme nous l'avons vu, avec ses amies, dans son travail et évidemment avec son Laurent !

Avoir perdu si tôt, l'une, son mari et l'autre, son père a uni la mère et la fille de façon bien particulière, si particulière, que souvent elles ne savaient plus où commençait l'une et où finissait l'autre. Ou plutôt, Alice ne le savait pas car sa mère, elle, semblait le savoir. Celle-ci était capable aussi bien de lui demander qu'elle dorme avec elle dans son lit que de l'envoyer dans sa chambre sans dîner, cela dépendait si elle souffrait ce jour-là de solitude ou si elle était accompagnée.

Pendant les séances, les mots qu'Alice ne cessait de répéter en parlant de Laurent étaient les mêmes. Ce « moi, je lui ai pardonné, moi, je lui ai pardonné » sonnait faux. J'ai alors pensé le lui répéter en écho pour qu'elle s'écoute elle-même. Ainsi, chaque fois qu'elle prononçait : « Moi, je lui ai pardonné. » Je répétais sous forme d'interrogation : « Vous, vous lui avez pardonné ? »

Au début, Alice ne s'est pas sentie visée et n'a pas remarqué ma question mais, à un moment donné, c'est elle qui a remis en question tant de pardon et elle a dit : « Non, ce n'est pas que je lui aie pardonné ; ce qui se passe, c'est que moi, j'accepte qu'il me fasse tout ça. »

Quand Alice a dit : « Moi, je ne pardonne pas, j'accepte », non seulement elle change un mot pour un autre, mais elle change une certaine position face à la vie pour une autre différente. Si, au lieu de penser qu'elle pardonne, Alice découvre qu'elle accepte, alors, elle n'est plus seulement victime d'une situation devant laquelle elle ne peut rien faire, mais elle devient complice de cette situation qu'elle déplore. Ainsi, elle abandonne son rôle d'objet passif pour occuper la place d'un sujet actif. Alice découvre que dans le film de sa propre vie, elle n'est pas une « figurante » qui passe par là par hasard mais qu'elle en est l'actrice principale. Il est vrai que le scénario a été écrit par les circonstances de son histoire infantile et les caractéristiques de son histoire actuelle, mais elle ne pourra y participer que lorsqu'elle se rendra compte que Laurent n'est pas sa mère, que cette histoire est passée et que les choses peuvent se vivre autrement.

Même si, apparemment, c'est une victime passive qui est mal aimée, quand elle reconnaît que ce qu'elle fait, c'est « accepter » constamment, elle semble dire : « Moi, je ne veux pas être une charge pour toi, et j'accepte de faire ce qu'il faut pour ne pas être "un poids". » « Tout ce que tu me fais subir ne me fait souffrir parce que je le mérite et je peux tout supporter. » Alors Alice découvre que sa cape de superfemme ne la transforme pas en toute-puissante, mais en une petite fille qui souffre du syndrome de Stockholm, qui veut faire plaisir à sa mère pour qu'elle soit heureuse à n'importe quel prix.

Quand Alice prend conscience de tout ça, l'auréole de lumière qui entourait sa tête se volatilise, les petites ailes de son dos disparaissent et Alice redescend de ses hauteurs divines, de sa position de martyre qui l'avait placée là-haut sur son incommode nuage et elle redevient humaine, peut-être plus humaine que jamais. Ce n'est pas marrant, c'est dur de perdre cette place dans le firmament. Heureusement, ce changement a aussi des avantages. Maintenant Alice sait qu'elle pourra agir différemment, cesser de pardonner passivement. Il est probable que si elle brise la chaîne de « consentements », elle brise aussi la compulsion à pardonner… Elle ne provoquera plus l'offense ni les mauvais traitements constants.

La prochaine fois, au lieu de consentir en silence ou de pardonner, magnanime, elle pourra dire clairement : « Je n'aime pas ça et je ne suis pas disposée à le tolérer. » Pour cela, il est nécessaire qu'elle sache que le ciel ou l'amour de l'autre ne se gagne pas avec le sacrifice et que se sentir capable de souffrir beaucoup plus que les autres est une façon très triste de se rabaisser, devant les autres, et de les obliger à l'aimer.

La place du thérapeute

Si le thérapeute avait été ébloui par l'auréole de lumière qui émanait du front d'Alice, si l'injustice de sa douleur l'avait empêché d'écouter et de penser, il serait resté dans l'apparence du discours manifeste de la « pauvre petite Alice », il ne ferait pas correctement son travail. Il serait une amie mais il ne serait pas un thérapeute. Il est facile d'être une de plus dans la liste des amies d'Alice mais dans ce cas la place du thérapeute resterait vacante. Qui s'occuperait alors de la tranquillité mentale d'Alice.

Il y a des thérapeutes qui se comportent comme des amies et abandonnent l'impartialité qui leur permet de penser et comprendre ce que le patient n'est pas capable de savoir par lui-même. Quand le thérapeute ne prend pas parti, il ne s'enferme pas dans une position distante et froide, mais il s'occupe de la personne qu'il a en face de lui et qui est venue chercher des réponses. Ce n'est qu'avec elle et pour elle qu'il pourra faire son travail, qui consiste à découvrir quelle est l'histoire qu'elle répète et qui l'oblige à demeurer dans la souffrance d'une situation déterminée. Que répète-t-elle ? Quelle est cette première histoire d'amour unique, inimitable – avec papa et maman sans doute – qui l'a marquée de cette façon ?

Pour donner des réponses à ces questions, nous entreprenons avec le patient une exploration dans les territoires inconnus de son histoire infantile sans idée préconçue, sans savoir où cela va nous mener. Nous défaisons avec lui les nœuds serrés du passé qui le maintiennent prisonnier d'une situation d'échec.

Dans la thérapie psychanalytique, les traits universels s'estompent, des phrases telles que : « Tous les névrosés… », « La majorité des mal aimées », « … typique des masochistes… », « Les accros toujours… », « Les obsessionnels jamais… » etc., perdent leur poids, en revanche ce sont les traits personnels de chaque patient qui commencent à s'accentuer, les recoins cachés de chaque histoire infantile, si intime, aussi intransmissible que des empreintes digitales. Dans ce récit qui va se forger avec le temps, il y aura « une » mère particulière et non pas « les mères », un père singulier et non pas « les pères », des frères et sœurs et une place précise dans la constellation familiale. Ce n'est pas la même chose d'être un enfant unique, d'être l'aîné, d'occuper la troisième place ou d'être le plus petit d'une famille nombreuse. De plus, les personnes qui occupent la même place dans la famille ont des façons différentes d'assimiler leur situation familiale. Le petit dernier d'une famille nombreuse, par exemple, peut être l'enfant gâté par tout le monde ou celui qui sent qu'il est arrivé trop tard, ou il peut aussi avoir la sensation d'être de trop ou penser qu'il doit démontrer qu'il vaut autant que ses grands frères ou bien il peut avoir l'impression qu'il doit sauver le couple que forment ses parents… Il n'y a pas une manière unique d'occuper une place. Nous allons découvrir les clés de la biographie du patient avec la même surprise et la même perplexité que le patient lui-même. Ses rêves, ses souvenirs, ses lapsus, sont quelques-uns des instruments que le patient apporte à l'investigation et qui nous servent de guide pour ce voyage. Nous nous laissons aller là où le discours le plus spontané du patient nous conduit. Parfois, par exemple, un « oubli » en dit plus qu'un souvenir bien précis.

Cette histoire infantile dont nous avons tant parlé n'apparaît pas sous la forme d'un conte avec son exposition, son nœud et son dénouement. Cette histoire apparaît peu à peu, comme les pièces détachées d'un casse-tête qu'il faut monter avec patience pour découvrir si ce bleu correspond au ciel ou à la mer, s'il s'agit d'un paysage, d'une reproduction de Van Gogh ou d'un portrait. Pièce par pièce, séance après séance, nous allons du présent au passé, du passé au présent, pour toucher ce noyau lumineux qui maintient uni un temps avec un autre temps à travers la répétition. C'est une investigation unique, fascinante, incomparable, pour le patient comme pour le psychanalyste.

Comme nous l'avons vu dans le cas d'Alice, il ne s'agit pas d'un problème de contenus mais il faut que le patient puisse arriver au discernement, et découvrir par lui-même quels sont les traits de son histoire qui se répètent. Quand Alice arrive à la conclusion qu'elle ne « pardonne » pas comme elle le pensait mais qu'elle « accepte » que l'autre l'envahisse comme le faisait sa mère, Alice s'« approprie de sa propre réalité » – selon ses mots – ; une réalité singulière qui ne ressemble en rien à ce que vivent beaucoup d'autres femmes qui passent par une histoire d'amour similaire. Les patrons universels ont la vie courte, le moule de chacun a cependant un long chemin à parcourir mais c'est un chemin sûr, unique et passionnant.

Un thérapeute ne doit pas non plus commencer le voyage les mains vides. Dans son sac d'explorateur, il doit emporter, pour commencer, l'expérience d'une profonde autoconnaissance qui lui donne l'opportunité d'appréhender les méandres et les ruses de son propre monde émotionnel. Ce sera là son principal outil pour découvrir et reconnaître les pièges du monde émotionnel de ses semblables. Comme le chirurgien qui stérilise et ajuste l'instrument avant l'opération, un psychanalyste doit avoir mis son propre psychisme, son instrument de travail, dans les meilleures mains. Ce sera sa seule garantie pour développer avec son patient le travail le plus sérieux et efficace dont il est capable.

Le soulagement immédiat

Face au soulagement immédiat que l'oracle garantit, il semble que le thérapeute ait bien peu à offrir. L'analyste, pour commencer, au lieu de lire le futur, lit le passé. Le destin, il ne le cherche pas dans l'avenir mais dans ce qui est déjà arrivé et qui s'en est allé… ou pas ? En fait, le patient attend aussi de la part du thérapeute une « imposition de mains », des paroles miraculeuses, une potion qui l'arrache à la souffrance en un clin d'œil, des soins maternels qui « éloigneraient de lui ce calice… ».

Psychanalyste ou magicien ?

Cette séparation entre la magie et la thérapie me fait penser à un conte de Woody Allen que je relis toujours avec le même plaisir. Il s'agit de « The Kugelmass Episode » et fait partie de son livre *Profils*. Voilà plus ou moins l'histoire : un professeur universitaire suit une psychanalyse depuis déjà plusieurs années. Un jour, dans une séance, il insiste sur le fait que la seule chose qu'il désire vraiment, c'est de vivre une aventure amoureuse qui le sorte de l'ennui. Une histoire romantique, si possible avec une jeune femme extraordinaire. L'analyste, qui connaît très bien son patient, le regarde découragé et lui dit : « Écoutez, après tout, je suis analyste, pas magicien. »

Les mots du thérapeute lui ouvrent les yeux. Mais c'est vrai, il n'a pas besoin d'un analyste, c'est d'un magicien qu'il a besoin ! Et il décide de mettre fin à sa thérapie.

Maintenant qu'il sait ce qu'il veut, il a recours aux services d'un prestigieux magicien : le Grand Persky. Le magicien comprend tout de suite ce que son client lui demande et il réussit à faire de son rêve une réalité. Immédiatement, le professeur Kugelmass, qui hier encore était triste et qui s'ennuyait, commence à vivre une passionnante aventure amoureuse avec Emma Bovary, l'héroïne du roman de Gustave Flaubert. Au début, comme c'est le cas chaque fois qu'Emma tombe amoureuse, la passion s'impose et la relation va vent en poupe. Avec le temps, comme c'est le cas chaque fois qu'Emma tombe amoureuse, la passion s'estompe et la relation se refroidit. L'invasion de la réalité par la fiction et de la fiction par la réalité devient insoutenable. Emma veut à tout prix connaître Manhattan et son amant commet l'erreur d'exaucer son vœu. Elle dépense des quantités exorbitantes d'argent à New York et le modeste professeur ne peut pas faire face aux dettes causées par les énormes dépenses de sa maîtresse. La relation se détériore et ils commencent à en avoir assez l'un de l'autre. Le professeur Kugelmass ne sait plus quoi faire de sa vie et il se sent de nouveau anxieux et angoissé.

Désespéré, il va se plaindre au Grand Persky. Son angoisse devient insupportable et il exige une solution du magicien. Le magicien lui répond : « Et que voulez-vous que je vous dise ? [...] En ce qui concerne vos angoisses personnelles, je suis désolé, je ne peux pas vous aider. Moi, je ne suis qu'un magicien, pas un psychanalyste. »

De quoi le professeur Kugelmass avait-il besoin : d'un magicien, d'un psychanalyste ou d'un ami... ?

Le professeur Kugelmass est un personnage de fiction mais il n'y a pas que les personnages de Woody Allen qui cherchent un analyste quand, en réalité, ils voudraient un magicien ou qui consultent un magicien quand ils ont besoin d'un psychanalyste.

Le divan ou le cierge ?

Je me souviens d'une patiente, Marguerite, qui était sur le point de conclure sa psychanalyse. Elle a alors rêvé qu'elle me disait au revoir. Dans son rêve, je lui recommandais que dans l'avenir, quand elle aurait un problème, elle allume un cierge. Elle a commencé à dire que le rêve lui rappelait que, parfois, les choses que je lui disais lui faisaient l'effet d'« une petite lumière qui s'allumait dans sa tête » et l'aidait à comprendre quelque chose qui était toujours resté dans l'ombre. Elle a continué à parler et elle a précisé que dans le rêve, contrairement à la réalité, l'ambiance de mon cabinet était « très ésotérique, tout était dans la pénombre ». Elle m'a raconté que le fait d'allumer des cierges pour les saints, rituel typique de la religion catholique, était plutôt lié à la magie et aux messes noires dans son pays. Elle s'est souvenue que sa grand-mère avait chez elle un petit autel sur lequel étaient installées des figures en tout genre, des Vierges ainsi que les figures les plus importantes de la théologie populaire, un héros de l'indépendance et plusieurs acteurs d'Hollywood. Sa grand-mère utilisait indistinctement ses mentors pour leur confier ses problèmes. Elle pouvait demander à Cary Grant que son petit-fils réussisse son examen aussi naturellement qu'elle priait la Vierge de son village pour affronter le paiement d'une facture à la fin du mois. Elle demandait toujours des faveurs en allumant des cierges. Marguerite le racontait en riant, avec tendresse, avec nostalgie et elle reconnaissait que, lorsqu'elle était petite, les cierges la réconfortaient énormément.

Ainsi, nous avons vu que devant l'imminence de ses adieux, Marguerite m'identifiait à une grand-mère qui résout les problèmes, qui réconforte. Une figure protectrice à qui elle serait toujours unie et à qui elle pourrait faire appel même si elle me faisait ses adieux et qu'elle s'éloignait de moi. Mais en même temps, elle cherchait à ce que je lui donne une recette, une solution magique – simple, immédiate et infaillible : « Allume un cierge ! »

Marguerite continua à parler :

> Quand je suis arrivée ici, j'imaginais qu'un psychologue écoutait, nous disait ce que nous devions faire, il nous disait ce que nous faisions mal et c'est tout. Moi, je pensais que le psychologue allait solutionner mes problèmes. Maintenant, je sais que le système, ici, fonctionne différemment, que moi, je suis partie active, je ne peux pas me défiler et ça rend tout plus difficile mais aussi beaucoup plus intéressant. À la fin, ce que j'obtiendrai sera plus solide et c'est moi qui l'aurai obtenu.

Elle s'est tue quelques minutes et en riant elle a avoué :

> Mais c'est vrai que j'aurais préféré que ce soit aussi facile que d'allumer un cierge.

Marguerite reconnaît les effets positifs de la thérapie mais en même temps elle aurait adoré une solution magique. Elle est fière de ce qu'elle a obtenu par elle-même, en ma compagnie, mais elle aurait préféré ne pas devoir passer par ce processus, ni attendre pour obtenir les résultats. Aujourd'hui, elle a davantage confiance en ce qu'elle a découvert elle-même dans l'analyse que dans les cierges mais elle regrette la facilité avec laquelle sa grand-mère résolvait les problèmes avec ses cierges magiques.

La psychanalyse

Les mauvaises langues disent que la psychanalyse, la technique avec laquelle je travaille, est démodée, qu'elle est périmée. Mon expérience quotidienne me dit tout autre chose. Je rencontre chaque fois plus de gens qui ont besoin d'un espace à eux pour pouvoir parler d'eux-mêmes tranquillement et en profondeur. Des gens qui ont besoin d'écouter leurs propres phrases. Mieux connaître leur passé pour pouvoir changer leur futur suscite de plus en plus l'enthousiasme de beaucoup de gens. Il y a de plus en plus de gens qui cherchent quelque chose d'autre que l'éphémère efficacité de l'immédiat. Parfois, c'est un processus lent, long, cher et douloureux mais la psychanalyse est passionnante et ses réussites sont fermes et durables.

J'avoue que moi aussi je rêve de guérisons miraculeuses. Je reconnais l'utilité d'autres approches, d'autres techniques qui éliminent la souffrance immédiate mais qui ne sont pas capables de délivrer la personne de ses manières de penser, d'aimer et de communiquer avec les autres.

L'expérience m'a démontré que le psychisme humain ne fonctionne pas n'importe comment, que la magie s'évapore comme l'écume alors que le noyau dur et aveugle de l'inconscient continue à faire des siennes. L'inconscient est le seul lieu où le chemin le plus court entre deux points n'est pas la ligne droite des bonnes intentions mais le chemin des spirales, des rêves, des faux pas du langage, de l'enfance, des histoires personnelles…

CHAPITRE XVI

La chute d'un dieu

« L'espérance est un remède fort, qui dans sa forme pure, sans dilution, peut nous faire mal. »

Michael KÖHLMEIER

Nous avons vu comment une femme transforme l'élu de son cœur en un dieu. Nous parlons d'un amour aveugle, incapable de distinguer les signes les plus évidents de sa propre maladie. Nous avons parlé d'un piédestal imaginaire forgé en silence pour déifier un être quelconque qui, lorsqu'il est sur son podium, ressemble à un dieu. Nous avons aussi parlé des péchés que l'on commet le plus fréquemment dans une relation ; des péchés indispensables, des ingrédients nécessaires pour tomber amoureux mais qui font plus de mal que de bien lorsqu'ils s'incrustent. Mais même ces maux ne durent pas cent ans et à un moment donné, plus vite que prévu, un pan de cette déification s'écroule. C'est le moment où la réalité s'impose dans toute sa nudité et les visages apparaissent tels qu'ils sont. Avec le temps, il y a toujours quelque chose qui s'écroule, par exemple l'idéalisation des premiers moments qui fait place à un amour plus réaliste. Dans ce cas, il s'agit d'une chute plus radicale.

Cette désillusion, nous allons l'appeler « chute » parce qu'il y a plusieurs choses qui « tombent » et qui ne sont plus comme elles étaient. Le voile qui ne permettait pas de distinguer la réalité tombe, l'idole tombe de son piédestal et de plus, pendant le deuil de la séparation, la sensation de tomber dans un gouffre est horrible. Il ne s'agit pas de n'importe quelle chute : pour elle, la femme, c'est comme si on avait enlevé brusquement le tabouret sur lequel elle était perchée en équilibre sur la pointe d'un seul pied tout en soutenant tant bien que mal le piédestal. Elle tombe bruyamment, s'étalant de tout son long, et lui aussi tombe car elle l'entraîne avec elle, mais il se fait bien moins mal parce qu'il tombe sur ce corps disloqué qu'elle a déroulé pour lui comme un tapis sur le sol.

Les ruptures sont toujours traumatiques et douloureuses même si c'est un choix qu'on a fait, même si on sait qu'elles sont inévitables. La séparation d'un couple n'est presque jamais produite par une coupure propre comme celle du bistouri qui sépare nettement une partie d'une autre. Les couples sont collés l'un à l'autre comme du chewing-gum et quand ils arrivent enfin avec difficulté à décoller d'un côté, ils se recollent rapidement d'un autre et quand ils sont prêts à perdre un lambeau de peau pour se délivrer du joug, il y a de nouveau une partie de leur corps, ou de leur fantasme, qui adhère à l'autre avec la même vigueur qu'avant. C'est pourquoi tous ces genres d'adieux prennent du temps.

Nous parlerons de « chute » et non pas de la fin d'une relation parce que même si ces situations ont l'air similaires, elles sont différentes. Comme presque tout ce qui touche à l'amour, la chute aussi semble arbitraire et capricieuse et se manifeste à son rythme. Ce qui signifie que la chute ne coïncide pas nécessairement avec la fin de la relation. Elle peut en annoncer la fin et faire place à la rupture ou elle peut avoir lieu bien des mois après que la relation soit terminée. Une femme abandonnée par son compagnon peut continuer à souffrir et à adorer son dieu en secret pendant des mois, même des années, alors que la relation est terminée, tout simplement pour ne pas affronter cette chute qui est si douloureuse. Tant que cette chute n'aura pas lieu, il n'y aura pas d'espace pour commencer une nouvelle relation.

Tous les fidèles de cette religion privée souffrent des effets de la chute. Quand ce dieu est chassé du piédestal, il perd le charme qu'il avait aux yeux de sa compagne mais chez la femme quelque chose aussi succombe. L'esclave qui est chargé de faire briller son idole au prix de sa vie perd aussi sa place d'honneur car elle se retrouve au « chômage », puisqu'elle est obligée de reconnaître que son dieu n'était pas un vrai dieu. Elle doit renoncer à l'idée de complétude que lui procurait la parodie du piédestal. Se sentir le cœur, la pile qui insufflait la vie à un jouet si spécial donnait un sens à sa propre vie et la soutenait ; cette sensation d'unité, de sécurité disparaît avec la chute. En même temps, son Amour, son Amour avec un grand A, perd son éclat aveuglant et s'humanise. Reconnaître qu'il ne s'agit pas d'un amour divin mais d'un amour humain, très humain, qui est, de plus, gravement atteint, est difficile, ce qui la plonge dans la tristesse.

Pendant la chute, on passe de l'aveuglement à la lucidité tout en passant par la perplexité : « Comment ne me suis-je pas rendu compte de la façon dont il me traitait ? Comment ai-je pu croire que tout allait changer ? Et voilà l'homme pour qui j'étais disposée à donner ma vie ? Et maintenant, que vais-je faire ? » Ce sont les phrases que nous avons l'habitude d'entendre de la bouche de femmes dont l'idole commence à s'écrouler.

Il est parfois difficile de comprendre la magnitude de l'angoisse et le vertige que produit la chute. Vu de l'extérieur, il est difficile de comprendre pourquoi tant de souffrance, s'il ne s'agit là que de la séparation d'un homme et d'une femme ; cela arrive tous les jours, et plus d'une fois par jour. Pourquoi tant de douleur pour une relation désastreuse, si malheureuse, et qui au fond était brisée depuis déjà longtemps ? Nous ne pouvons répondre à ces questions que lorsque nous comprenons la dimension de la sensation de vide et de défaite émotionnelle que vivent certaines femmes face à la fin d'une relation.

C'est précisément pour fuir les sentiments qui accompagnent la fin d'une relation, que les femmes évitent de se séparer. Elles font en quelque sorte un chemin de croix et s'attardent dans différentes gares pour remettre la chute à plus tard. Nous pourrions appeler les gares les plus fréquentées : « Mais je l'aime », « C'est un investissement », ou « Le sentiment de culpabilité ». Comme dans le cas des péchés capitaux, ces gares dont la classification est arbitraire et surtout incomplète sont suffisamment graphiques pour que toutes les femmes puissent s'identifier à ce qui se répète si fréquemment et qui explique qu'elles soient encore prisonnières d'une relation destructrice et sans avenir.

« Mais je l'aime ! »

Nous connaissons tous des femmes vraiment mal aimées qui s'obstinent à maintenir une relation impossible malgré la souffrance et l'insatisfaction qu'elle leur procure. Quand un de leurs proches qui observe stupéfait cette situation leur demande une explication, il reçoit généralement une réponse lapidaire : « Mais je l'aime ! »

« Je sais que je souffre, je sais qu'il me maltraite et que je ne mérite pas cela. Je dors mal, j'ai perdu l'appétit depuis des mois, je pleure, l'angoisse me dévore. Je ne peux rien y faire, je sais tout ça mais je l'aime ! » Plus qu'un argument, ce « mais je l'aime » est un verdict. Une sentence ferme sans appel. Paroles de dieu.

Celle qui parle ainsi est persuadée que son amour est capable de déplacer les montagnes et même de faire changer un homme. Son amour n'est pas de ce monde. Car c'est un amour qui supporte tout. Son amour est dieu. Personne ne peut faire face à l'armée indestructible d'une phrase comme celle-là, ni amie, ni thérapeute, ni chaman. L'évidence ne sert à rien, car un tel amour dépasse la raison. Et un amour qui dépasse la raison est un amour fou.

Comment diagnostiquer un amour fou ? Qu'est-ce qui définit la perte de jugement dans l'amour ? Imaginons que l'amour soit comme une danse, peu importe si elle est endiablée, passionnée ou singulière, c'est toujours quelque chose qui se fait à deux. Pour pouvoir danser, il faut, comme dans un accouplement, une réciprocité, un type d'entente, un accord sur le fait que tous les deux font quelque chose ensemble, qu'ils dansent la même danse. S'ils dansent mal, ils peuvent décider de prendre des cours de danse ; ils peuvent danser à leur rythme ou au-delà mais ils sont si bien ensemble que peu leur importent les critiques. Ils peuvent répéter toujours le même pas de danse sans suivre la musique. Ils dansent quand même, personne ne prétend qu'ils dansent comme pour un concours. Il suffit qu'il y ait deux personnes qui soient d'accord et dansent ensemble.

Par contre si dans un couple, l'un des deux, la femme, tombe dans les escaliers et que lui la regarde d'en haut, impassible, et qu'ils s'obstinent à répéter la même scène, ce n'est plus une danse, c'est un amour fou. Quand il lui dit : « Commence à danser le tango, j'arrive tout de suite » et qu'il la laisse faire des pirouettes sur la piste alors que lui, il s'installe au bar pour prendre un verre avec une autre, ce n'est pas de la danse, c'est un amour fou. Si elle passe là toute la nuit assise, si elle refuse d'autres invitations parce qu'elle attend que celui qui danse enlacé avec la blonde vienne l'inviter à danser, ce n'est pas danser, c'est un amour fou. Si un homme lui propose de danser plusieurs fois et que brusquement il la laisse seule, perdue au milieu de la piste, parce qu'il a suivi la première femme venue, ce n'est pas une danse, c'est un amour fou. Si chaque pas est un croche-pied et que c'est toujours elle qui finit par terre, le nez collé au sol, ce n'est pas non plus une danse, c'est un amour fou. Si elle reste là, figée, son verre de whisky tiède à la main, et qu'on lui signale que la salle est déjà fermée depuis deux heures, si elle persiste à attendre parce qu'elle est sûre qu'il reviendra, ce n'est pas non plus une danse, c'est un amour fou. S'il lui propose un « saut mortel » et qu'il lui dit « aie confiance en moi » et qu'au dernier moment, il se sépare d'elle et qu'elle finit à l'hôpital, ça, ce n'est vraiment pas une danse, c'est un amour fou.

Il s'agit de ne pas perdre de vue la réalité et de reconnaître le contexte. Une danse, un couple, sont une chose à deux, deux qui peuvent se tromper dans les pas de danse, qui perdent le rythme, le reprennent, trébuchent, se marchent sur les pieds chacun leur tour, tombent l'un l'autre, tombent ensemble et se relèvent mais il s'agit de deux personnes qui s'occupent l'une de l'autre et qui savent qu'elles font quelque chose ensemble.

Un amour délirant, un amour fou, c'est celui qui est convaincu qu'il peut gagner toutes les batailles comme s'il était Napoléon. Et nous savons quel est l'avenir de ceux qui se prennent pour Napoléon : les pauvres, ils finissent enfermés dans un hôpital psychiatrique, drogués ou avec une camisole de force. C'est la même chose pour un amour capable de nous jeter dans l'abîme. La folie n'est pas belle. Un amour de cette nature paraît fascinant mais c'est pathétique et surtout dangereux. Quand nous écoutons « mais c'est que je l'aime » de la bouche d'une femme qui souffre des accès de colère d'un « mal amour », nous l'imaginons pleine de bleus, mal aimée, mais la tête haute et une main cachée sur la poitrine – comme Napoléon – soutenant son cœur pour qu'il ne tombe pas en morceaux.

« Mais, moi je l'aime ! » se prononce aveuglément, sans tenir compte ni de la réalité, ni du verdict de la marguerite.

La marguerite

Nous avons vu tout au long de ces pages qu'effeuiller la marguerite : « Est-ce que je l'aime ? Est-ce que je ne l'aime pas ? Est-ce qu'il m'aime ? Est-ce qu'il ne m'aime pas ? » est une formule trompeuse qui nous donne une information viciée et incomplète. Pour que les réponses de la marguerite soient fiables, il faut lui poser des questions plus complexes : « M'aime-t-il comme je veux qu'il m'aime ? M'aime-t-il réellement ? M'aime-t-il comme j'ai besoin d'être aimée ? M'aime-t-il comme je mérite d'être d'aimée ? » Enfin, la question centrale de ce livre : « M'aime-t-il bien ou m'aime-t-il mal ? » Pour cela il faut poser plusieurs questions avant d'interroger la marguerite : « Qu'est-ce que je ne suis pas prête à tolérer ? », « Qu'est-ce que j'attends d'une relation ? », « Est-ce que c'est acceptable qu'un homme me frappe ? ». Il faut premièrement chercher ces réponses à l'intérieur de nous-mêmes puis dans la réalité, dans les faits concrets et non pas dans les mots, si faciles à prononcer, si agréables à écouter et parfois si vides. « Mais, moi, je l'aime ! » cache souvent toutes les questions de ce genre et c'est ainsi que l'amoureuse s'oublie elle-même, tout comme elle oublie ses propres désirs et ses exigences.

« C'est mon investissement »

Dans ce type de relation amoureuse, la femme impliquée investit tout le capital émotionnel dont elle dispose dans l'entreprise de forger un couple. Elle joue toutes ses possessions sur un seul chiffre, son temps, son présent, son futur, son acharnement, son orgueil, son illusion, le meilleur d'elle-même. Elle investit tout dans cette opération affective compliquée et elle est disposée à faire tout ce qu'elle peut pour ne pas perdre ce qu'elle a investi.

Comme dans toute entreprise en faillite, si cette relation s'avère être une mauvaise affaire, elle réclame, elle aussi, avec véhémence, une nouvelle injection de capital, un peu plus d'efforts, plus de temps, de plus grands sacrifices, plus d'amour. Dans ce cas-là, l'investisseur – la femme – est disposé à tout pour sauver ses rentes. Plus elle apporte de capital, plus elle aura investi et plus il sera difficile de déclarer le couple en faillite et de reconnaître le désastre. L'investissement qu'elle a fait est trop important pour l'abandonner et pour accepter qu'elle ait perdu son temps, son espoir et ses efforts.

Alors, elle investit un peu plus pour « revitaliser » l'affaire, et encore, et encore, la roue continue à tourner ; et plus elle investit, moins elle peut abandonner ce qu'elle a déjà investi, c'est de plus en plus difficile de prétendre vouloir récupérer un jour le capital initial… et en plus avec des intérêts !

Quand, finalement, le couple se déclare en faillite, elle souffre pendant un certain temps de se sentir ruinée, appauvrie et elle s'en veut d'avoir été si mauvaise en affaire. Cependant, très vite, elle est envahie par une curieuse sensation de bien-être, proche de celle des passagers qui ont abandonné à temps un bateau qui coule et qui ont pu être sauvés. C'est juste à ce moment-là que la véritable fin de l'histoire commence, c'est la chute, même si la relation s'est terminée il y a des années. La relation se termine vraiment quand elle dispose de nouveau d'un certain capital pour investir dans d'autres entreprises ; dans des affaires plus sûres et plus gratifiantes par exemple pour elle-même.

C'est le cas de ces couples qui vont visiblement mal et qui décident de s'installer pour vivre ensemble et arranger ainsi la situation. Une fois sous le même toit, la relation ne s'améliore pas. Un jour, ils ont une dispute monumentale suivie d'une merveilleuse réconciliation qui les unit davantage. C'est à ce moment-là qu'ils découvrent que ce dont ils ont besoin, c'est d'un engagement plus profond et ils décident de se marier. Rien ne change. Peut-être… s'ils avaient un enfant… peut-être… alors… s'ils en avaient un autre… Et voilà comment ils se retrouvent de plus en plus prisonniers d'une toile d'araignée qui les empêche de défaire les nœuds qu'ils ont eux-mêmes serrés par erreur.

Normalement, la personne impliquée dans des relations tortueuses n'est pas capable de reconnaître son mauvais investissement. Si quelqu'un lui racontait sa propre histoire en changeant les noms des acteurs, elle se prendrait la tête dans les mains et elle verrait très clairement le désastre ; elle serait même capable de donner des conseils pertinents, mais ces mêmes conseils elle ne les prendrait pas en compte pour elle-même, car elle ne s'y reconnaît pas : son amour est tellement spécial.

Le sentiment de culpabilité

Le sentiment de culpabilité, c'est comme si on avait une pierre dans la chaussure qui nous gêne et nous accompagne à chaque pas. Elle gêne puisqu'elle blesse et fait souffrir ; mais elle nous accompagne aussi, dans la mesure où elle maintient dans l'imagination la personne attachée à l'être aimé. Ses effets peuvent être nuisibles ou bénéfiques pour ceux qui la supportent. Se savoir responsable d'une erreur commise n'est pas un drame, c'est bien plutôt le seul chemin qui existe pour la corriger et essayer de ne pas la répéter dans l'avenir. Quand on a fait mal à quelqu'un, il est sain de demander pardon et de réparer la peine causée à l'autre. Cependant, le pur remords qui torture, qui ne sait que tourner en rond sur lui-même et perforer le moral n'est ni sain, ni réaliste, ni productif.

Quand une relation de couple se brise, les choses qui appartiennent aux deux devraient être partagées équitablement : la garde des enfants, les propriétés, les assiettes, les voitures, les couverts… Cependant, à cause de la culpabilité, rien n'est respecté et elles sont réparties de façon disproportionnée. Il y a toujours ceux qui ne se sentent responsables de rien parce qu'ils sont très habiles dans l'art de culpabiliser l'autre et par contre il y a ceux qui cherchent toujours une culpabilité à ajouter à leur liste. Chacun, nous le savons, « est comme il est ». Dans ces cas-là, nous imaginons avec quels critères les responsabilités ont été partagées.

Julie, une patiente que son compagnon avait quittée pour une autre, disait :

> Je me lève en sursaut chaque jour en pensant à lui. Et ce qui m'inquiète le plus, c'est que je me sens encore coupable. Pour me convaincre que je ne suis pas la seule coupable, je me dis : « Ça nous concerne tous les deux et tous les deux nous sommes coupables » mais rien n'y fait car à chaque fois je trouve toujours quelque chose à me reprocher. Parfois, ses manies me gênaient, pourtant je savais qu'il était comme ça. Si j'avais su m'amuser au bar avec ses amis ou si je l'avais aidé davantage quand il avait des problèmes familiaux. Si je n'avais pas été aussi jalouse, peut-être qu'il ne serait pas parti avec une autre…

Julie se reproche de ne pas avoir su faire plaisir à son dieu. Dans son reproche, il y a un « si je m'étais humiliée un peu plus, si j'avais eu plus de patience, si je ne lui en avais pas demandé autant ». Et de l'extérieur, nous savons tous que si elle avait fait tout ça, sa situation se serait encore aggravée. Son sentiment de culpabilité est une pierre, oui, qui ne retombe que sur son propre toit, crève le plafond et n'a pas d'issue de secours. Le reproche qu'elle se fait consiste à ne pas avoir été encore plus forte que ce qu'elle a été. L'héroïsme continue à dominer la scène. Inspirée par ce type de remords, toute relation que Julie commencera dans l'avenir risquera d'avoir les mêmes caractéristiques que la précédente, car elle ne cherche pas à corriger ses erreurs ; elle persévère dans ses erreurs et les perfectionne.

Agnès, durant sa période nostalgique, après avoir mis un point final à une relation intermittente qui se prolongeait depuis des années, disait :

> Je n'en peux plus. Je veux un jour arrêter de penser à lui, arrêter même de me souvenir des bons et mauvais moments. Je veux oublier, je veux vivre, tourner la page et vivre. Je ne me suis pas vraiment sentie aimée. Je ne dis pas qu'il ne m'ait pas aimée mais moi, je ne me suis pas sentie aimée. J'ai du mal à penser que j'ai passé tant de temps avec quelqu'un qui ne m'aimait pas vraiment ou qui ne savait pas s'y prendre pour que je me sente aimée. C'est ma faute parce que je me suis obstinée en pensant : « Moi, je peux, il m'aimera. Ce mauvais traitement est passager. »

Valérie, après avoir supporté d'être maltraitée et d'avoir subi quelques infidélités, a pu finalement se séparer d'un mari dont elle était amoureuse mais qui la rendait profondément malheureuse. Elle décrivait sa sensation de cette manière :

> Avant je me sentais coupable parce que je pensais que je n'en avais pas fait assez ou que ce que j'avais fait était mal fait. Maintenant, je sais que la seule chose dont je sois coupable, c'est d'avoir supporté l'insupportable. Si à la première insulte, je l'avais mis à la porte avec ses valises, les choses se seraient passées différemment.

Dans les deux derniers cas, le sentiment de culpabilité a une fonction différente que dans le cas de Julie. Avec les mots de Valérie et d'Agnès, nous savons que toutes les deux ont pu délimiter et situer leur responsabilité dans un juste milieu. Leur erreur, leur pire erreur, elles l'avaient commise contre elles-mêmes ; c'était de s'obstiner à attendre un miracle ou d'avoir « supporté l'insupportable ». Bref, aucune des deux ne s'était respectée elle-même comme elle le méritait ni n'avait su se faire respecter. Elles se sentaient toutes les deux responsables, complices de la situation qu'elles avaient vécue.

Il est fort probable que, dans l'avenir, toutes les deux soient préparées pour vivre des relations plus agréables parce que ni l'une ni l'autre ne s'obstinera et ne s'obligera à « supporter l'insupportable ».

Dans d'autres cas, comme ceux de Sarah et Xavier, par exemple, qui s'aiment et ne s'aiment plus, se disputent définitivement et se retrouvent pour s'adorer pour toujours, les femmes qui pèchent par inconstance sont des femmes qui utilisent la culpabilité comme alibi. Un alibi pour essayer de nouveau, pour demander pardon et maintenir en vie une relation ; que cette relation soit sous perfusion ou maintenue grâce à la respiration artificielle. Or cet espoir est agonisant et pernicieux : « Je te promets que la prochaine fois je ferai mieux. » Voilà la carte de visite de ce type de réconciliations.

Le négatif de la culpabilité est le reproche. Ce « moi, je suis la coupable » devient : « Le coupable, c'est toi. » Mais les deux côtés de la pièce peuvent montrer la même froideur. Le but et la stratégie sont similaires et consistent à maintenir à tout prix un lien avec l'autre.

Derrière tout reproche, il y a un avertissement, l'intention cachée de donner une sorte de leçon : « Tu ne vas plus jamais me refaire ça ! » Quand une relation se termine vraiment, il n'y a pas d'avertissement qui vaille. Tant qu'il y a une « morale de l'histoire », il y a de l'espoir.

Certes, quand une relation se termine, chacune

des parties devrait assumer la responsabilité de ses propres erreurs. Les reproches, la colère, la dispute : « Ce que tu m'as fait, ce que tu ne m'as pas fait, ce que tu as promis et les promesses que tu n'as pas été capable de respecter, les mensonges, le désamour, le « mal amour » font partie d'un processus indispensable aux adieux. Pendant un certain temps, la colère prend la relève de la douleur. Ça ne console pas, mais pourquoi le nier ? Ça soulage bien, ça met les choses en place et ça remplace la justice divine qui est parfois si distraite.

Le reproche a aussi une autre facette. Le reproche peut servir à tendre un pont d'argent à l'ennemi. C'est ce qu'on dit pour que l'autre parte très, très loin et disparaisse pour toujours avec sa part de culpabilité, avec son morceau de responsabilité devant l'échec, avec ses erreurs.

Par contre, il y a le reproche qui ne cherche qu'à faire pitié, ceux qui l'utilisent restent scotchés au reproche en essayant d'accrocher l'autre au fil d'une dette. L'objectif de cette dette est de retenir l'autre, de le maintenir de façon imaginaire, prisonnier de cet engagement, de façon à ce que cette dette soit impayable par définition.

Revenons à Sarah. Les seuls adieux que lui ait faits Xavier ont été son silence. Elle savait que si elle l'appelait pour lui reprocher ses mauvais traitements – comme elle l'avait fait tant de fois auparavant –, elle saurait rouvrir les portes d'une rencontre : « Comment as-tu pu ? », « Ce n'est pas ce que j'ai voulu dire », « Ça, je ne vais pas le tolérer », « Tu m'as mal interprétée » ; et elle saurait aussi arriver à une réconciliation : « Tu me manques beaucoup », « J'ai besoin de te voir », « Ça n'arrivera plus » et à un futur prévisible : deux ou trois semaines de paradis et un enfer infini. Mais cette fois-ci, à force de volonté, Sarah a fait le bon choix et a décidé de se contenter d'ajouter à sa douleur toute la rage de ne pas pouvoir remettre Xavier à sa place.

« Ne pas appeler, un point c'est tout ! »

Comme pour résoudre les problèmes d'addiction, il faut être convaincu que l'on veut abandonner la drogue, et le « mal amour » est devenu une drogue. Il faut donc une grande détermination et beaucoup de volonté.

Nous connaissons Sarah, sous la bannière des péchés d'inconstance et d'addiction, qui a passé des années prisonnière de Xavier. Nous savons combien elle a souffert auprès de lui, nous savons combien ça a été difficile pour elle de se rendre compte de la réalité pathétique dans laquelle elle vivait. Nous savons aussi que la relation s'est terminée car Sarah ne l'a pas rappelé. Elle ne l'a plus jamais rappelé !

« Ne pas appeler, un point c'est tout », qui fut si facile à dire, fut un véritable calvaire pour elle. « Ne pas appeler » sous aucun prétexte, ni pour réclamer, ni pour dire au revoir, ni pour demander des nouvelles de sa santé, ni pour lui demander qu'il lui rende ce qui lui appartenait, ni pour exiger des explications. Ne plus boire une seule goutte de Xavier. « Ne pas appeler » a simplement été le seul remède efficace qui a fini par guérir les maux de Sarah. Maintenir le traitement de l'abstinence lui a coûté un effort énorme.

Comme cela se passe normalement dans ces cas-là, chaque matin, chaque soir, Sarah rassemblait trois ou quatre arguments impeccables qui, dans des conditions normales, l'« obligeraient » à marquer le numéro de téléphone qu'elle avait effacé de son portable et de son agenda mais qui était tatoué sur sa peau comme s'il s'agissait du numéro d'identification d'un prisonnier de camp de concentration. Pourtant, comme elle était décidée à « ne pas appeler, un point c'est tout », chaque matin, chaque soir, Sarah se ligotait les mains pour ne pas faire ce numéro. Par contre, elle mangeait, elle lisait, elle appelait des amis, elle allait au cinéma et elle travaillait énormément. Elle partait faire des courses ou utilisait ses mains pour faire des choses plus plaisantes pour elle, toujours « pour éviter de... ». Certes, aucune de ces activités ne la consolait.

Mais avec le temps, Sarah, héroïque, admirable, a réussi « à ne pas appeler ». Avec le temps, allié irremplaçable, Sarah s'est levée un matin et s'est rendu compte que depuis deux ou trois jours elle n'avait pas pensé à Xavier... alors, évidemment, elle s'est souvenue de lui avec douleur, constamment, jusqu'à ce que de nouveau, un soir, sans s'en rendre compte, elle s'est entendue rire avec des amis, sans Xavier, sans son ombre. Son rire s'est transformé en un sourire satisfait, elle était fière d'elle-même. C'est ainsi que peu à peu, il ne lui manquait plus que de temps en temps. Un peu plus le soir, mais toujours un peu moins chaque fois, jusqu'à ce qu'elle arrive à le faire sortir non seulement de sa vie mais aussi de ses pensées. La dernière fois que j'ai parlé avec elle, elle avait recommencé à rire aux éclats et cette fois pour une blague stupide d'un collègue de bureau qui « l'avait fait rire ».

Mesure d'éloignement

Véronique, une autre patiente qui traverse un calvaire de séparations, de retrouvailles, de disputes et de réconciliations tout comme Sarah, a dit pendant une séance quelque chose qui m'a semblé très intéressant :

> Maintenant je comprends qu'il existe une mesure d'éloignement parce que moi, je ne suis pas capable de ne pas répondre au téléphone. Je peux faire un énorme effort et ne pas appeler mais si le téléphone sonne, mon cœur ne fait qu'un bond et je réponds. J'aimerais qu'on m'impose une mesure d'éloignement et qu'on l'impose aussi à Sébastien pour que nous ne puissions même pas nous appeler, et que le téléphone nous explose dans l'oreille si nous faisons le numéro interdit.

Elle s'interrompt un moment et ajoute :

> Je comprends aussi les femmes maltraitées qui suppriment la mesure d'éloignement. Je crois qu'après deux semaines sans nouvelles de Sébastien, moi aussi je la supprimerais…

Et elle a continué :

> Je sais très bien que le sens de la mesure d'éloignement consiste à protéger légalement la victime du bourreau. Quand je m'identifie à elles, je comprends que les femmes maltraitées soient incapables de rester éloignées de leur maltraiteur. Je sais que leur cas est différent parce qu'elles, en plus, elles ont peur, elles sont terrorisées mais parfois je me demande si, malgré tout, elles ne seraient pas toujours amoureuses, comme moi, en secret, de leur monstre. Alors je me demande : Comment une loi pourrait-elle protéger une femme de ses propres

désirs, comment pourrait-elle la protéger d'elle-même ?

L'horreur des femmes maltraitées est un monde délicat et douloureux dans lequel nous n'allons pas entrer maintenant. Dans le cas qui nous occupe, le cas des femmes mal aimées, chacun devra utiliser son propre juge intérieur pour dicter la mesure d'éloignement qu'il considérera opportune ; quel appel faire et quel appel ne pas faire, à quel appel répondre et à quel appel ne pas répondre. Ce n'est pas une décision facile à prendre.

Le diable ou le démon

Nous avons tous une manière de nous adresser à nous-mêmes, cette voix résonne à l'intérieur comme s'il s'agissait de celle d'un juge. Parfois, ce juge prend le rôle implacable d'un procureur de la République qui ne sait qu'accuser et reprocher. Ou bien, il prend la forme d'un vieil ami tendre et protecteur qui nous défend de nous-mêmes et nous aide à mettre les choses à leur place mais, dans les cas extrêmes, il semble que ce juge soit en vacances illimitées et il n'y a donc pas de loi.

Quand nous nous référons à une femme qui essaie désespérément de se détacher et qui, avec la même intensité, désire être unie à l'autre, au moins par un fil, il est difficile de savoir quel juge parle quand quelque chose en elle lui dit : « Ne réponds pas au téléphone », « Ne l'appelle pas », ou qui au contraire l'encourage : « Réponds, peut-être qu'il lui est arrivé quelque chose », « Appelle-le : la vie est si courte ».

Quand Sarah maintenait avec persévérance sa décision de « ne pas appeler Xavier », elle me racontait durant les séances combien il était difficile de savoir ce qui était réellement « bon pour elle » et ce qui était « mauvais ». Un jour, elle a essayé de me raconter la lutte qui se livrait à l'intérieur d'elle-même et elle a fait un lapsus révélateur :

— J'ai la sensation qu'il m'arrive la même chose que dans les dessins animés, d'un côté il y a un diable qui me dit une chose et, de l'autre, j'ai un démon qui m'en dit une autre.

— Un diable et un démon ? ai-je répété, consciente que Sarah ne s'était pas rendu compte de ce qu'elle venait de dire.

— Non, non ! J'ai voulu dire, un ange et un démon !

Le lapsus de Sarah, comme tous les lapsus, disait vrai. Pour elle, il s'agissait d'un diable et d'un démon, de deux maux aussi mauvais l'un que l'autre…

Parfois le juge « diable » interdit pour protéger. Ce serait alors le juge intérieur qui dicte la mesure d'éloignement et dit : « Ne l'appelle plus, rappelle-toi la dernière chose qu'il t'a dite, tu ne mérites pas qu'il te traite ainsi, ne réponds pas à son message, fais comme s'il ne s'était rien passé, ça fait six mois qu'il a disparu sans aucune explication… » Il semble triste, difficile, de ne pas appeler, de ne pas décrocher. Ça ne satisfait pas les désirs les plus immédiats de l'intéressée, qui, elle, courrait vers le téléphone. Vu comme ça, ce « diable » ressemble à un juge insipide et antipathique qui ne veut pas lui permettre de jouir d'un véritable amour mais qui veut la punir en la laissant toute seule dans son coin.

Par contre, l'autre juge, le « démon », est beaucoup plus compréhensif et complaisant avec elle et il lève la mesure d'éloignement et lui dit : « Rappelle-le, de toute façon un nouvel appel ne va rien changer, une autre rencontre… », « Si tu as envie, ne t'en prive pas, ce qu'il t'a fait n'est pas si grave… », « Il t'a sûrement fait mal sans s'en rendre compte », « Ne sois pas égoïste, pense à lui, peut-être qu'il lui est arrivé quelque chose ».

Les deux décisions font souffrir, chacune pour des raisons différentes. Laquelle suivre ? Laquelle des deux sera la pire ? Il ne semble pas qu'il y ait une solution claire car ce qui lui convient se trouve d'un côté et ce qu'elle désire se trouve de l'autre et en plus lui ferait vraiment du mal. Comme le dit Véronique : « Comment une loi pourrait-elle protéger une femme de ses propres désirs, comment pourrait-elle la protéger d'elle-même ? »

CHAPITRE XVII

La chambre du deuil

Toute douleur à laquelle on s'abandonne
finit par se transformer en sérénité.
Marguerite YOURCENAR

L'espoir

Quand quelqu'un meurt, quelle qu'en soit la raison, il existe ce qu'on appelle un rituel d'adieux ; funérailles, incinération, enterrement... et dans la douleur de cet enterrement se ferme un cycle pour que le deuil commence. Il reste la peine et l'impuissance devant la perte qui est toujours prématurée. Mais le temps passe et cette blessure ouverte se transformera un jour en cicatrice.

Si la personne n'est ni morte ni enterrée mais qu'elle a disparu, l'espoir de la retrouver en vie est toujours présent et la famille pense qu'en la croyant vivante, quelque part sur terre, elle la maintient en vie. C'est pour ça que la famille ne peut pas se permettre le luxe de cesser de penser à elle ni de pleurer. L'espoir, véritable gangrène, continue, il rend malade la personne qui le vit, et empêche le deuil de faire son travail. Le travail du deuil est un travail ingrat mais il guérit.

À la fin d'une relation de couple, c'est un peu la même chose, même s'il s'agit de relations où il n'y a plus rien à faire ni rien à récupérer ; il y a des femmes qui résistent à abandonner l'espoir d'une réconciliation. Elles ne peuvent pas penser que leur relation est morte et qu'il faut l'enterrer, qu'il faut dire adieu pour toujours, qu'il faut garder le deuil et pleurer très fort ; au contraire elles maintiennent cette relation dans une situation ambiguë de relation « disparue » mais qui un jour ou l'autre devrait réapparaître. Pour elles, ça vaut la peine d'attendre l'impossible et elles continuent à attendre en silence durant des années patiemment et avec foi. Celles qui sont infectées par le virus de l'espoir interprètent n'importe quel signe, même à tort, comme s'il s'agissait d'une confirmation de l'accomplissement de leurs attentes.

Bien sûr, l'espoir n'est pas seulement néfaste. À la fin d'une relation, il faut concéder au cœur un minimum d'espoir pour qu'il puisse se maintenir en vie. Au début, on ne peut survivre à la douleur d'une rupture que grâce à l'illusion, même si elle est lointaine ; dans l'avenir, les choses seront telles qu'elles doivent être : « Le prince charmant reviendra pour s'installer avec moi et nous vivrons heureux. » Le besoin de nier la réalité est représenté par l'espoir, on l'utilise comme premiers soins, c'est ce qui nous permet de garantir les activités vitales basiques. Nous nous contentons de respirer, malgré cette douleur intense qui opprime la poitrine comme si le poids d'un géant l'écrasait.

L'espoir est bien sûr très utile à certains moments de notre vie ; mais, comme en amour, comme pour le gaspacho, tout est question de quantité. Une dose modérée d'espoir, c'est bien, mais avec excès, c'est un délire qui provoque la maladie. Maintenir vivant l'espoir pendant un certain temps, c'est normal et même inévitable. Le problème apparaît quand cet espoir se prolonge indéfiniment et sous-estime la réalité, c'est alors que le remède devient un poison.

Elles parlent

« Je sais que c'est de la folie, mais je veux toujours être avec lui, je ne perds pas l'espoir. »

« J'ai du mal à accepter que ce soit terminé. Je crois encore que peut-être… un jour… dans quelque temps… nous pourrions nous revoir d'une autre manière. »

« J'ai peur de le perdre bien que je sache que je l'ai perdu. Mais je ne peux pas croire qu'il soit avec une autre. Je sais que c'est stupide mais j'espère encore qu'un jour il reviendra avec moi. »

« Même si ça fait longtemps que nous nous sommes séparés, je me surprends encore à imaginer qu'il va m'appeler, qu'il va me chercher, qu'il va me demander pardon et que je lui pardonnerai, je dois être idiote. »

Voilà ce que disaient certaines femmes longtemps après avoir terminé des relations funestes dont elles étaient prisonnières à cause de la chaîne de l'espoir.

L'espoir n'est pas seulement la dernière chose qui se perde mais aussi la première qu'on utilise pour affronter une perte, et la perte, nous le savons, est la réalité douloureuse par excellence. L'illusion que les choses ne sont pas vraiment aussi horribles qu'elles le paraissent, ou bien qu'elles puissent changer, est un recours mental de première nécessité qui accomplit une fonction très importante face à la mort. Par exemple, quand quelqu'un dit « ce n'est pas possible », il se donne à lui-même un temps précieux pour pouvoir assumer une situation qu'il est incapable d'avaler d'un seul coup. Dans ce cas, l'espoir est au service du deuil. Le problème, c'est qu'il y en a qui s'accrochent à l'espoir et ne passent pas par l'intense douleur du deuil.

Pour garder l'espoir, la majorité des femmes mal aimées développent une sorte d'Alzheimer transitoire sélectif. Elles n'ont accès qu'à la mémoire lointaine, elles se rappellent les premiers moments de la relation, la passion et la complicité. Par contre, les événements les plus récents, la souffrance, les infidélités, le peu d'intérêt qu'il lui démontrait ou même l'ennui, sont complètement oubliés. « Comme on oublie facilement les mauvais moments ! » me disait une patiente qui inexplicablement pensait avec nostalgie à son ex-mari.

Je me rappelle une amie qui venait de se séparer de son compagnon et qui me disait : « Tu n'imagines pas combien il me manque pendant le week-end ! »

« Quels sont les week-ends où il te manque ? lui ai-je demandé. Ceux où il buvait du vendredi au dimanche soir ? Ceux qu'il passait avec ses amis en t'oubliant ? Ou ceux où il fallait aller manger avec sa mère, que tu le veuilles ou non ? »

Mes mots n'étaient que l'écho de quelques-unes de ses propres plaintes, de celles qu'elle avait répétées tant de fois avec ses amies et qui l'avaient décidée à se séparer. Mon amie avait réalisé dans sa mémoire une délicate intervention chirurgicale, une sorte de lifting pour embellir une relation qui était horrible.

Le problème avec l'espoir, c'est que même si on le tient caché, son venin occupe un espace psychique immense qui ne laisse pas de place au deuil et ne permet pas l'apparition d'une nouvelle relation.

La chambre du deuil

Laure est arrivée à mon cabinet à cause d'un divorce traumatique. D'un jour à l'autre, sans qu'elle ait pu soupçonner quoi que ce soit, son mari, après quatorze ans de bonheur, était parti vivre avec une autre femme. Pendant les premiers mois de traitement, anesthésiée par la perplexité, elle ne sentait même pas la douleur. Mais la douleur est arrivée et Laure a traversé une période de souffrance indescriptible. Pendant une séance, elle m'a expliqué, à travers une métaphore graphique brillante, la relation qu'elle avait avec ses souvenirs, le besoin de tourner la page et la peine qu'elle ressentait :

> C'est comme si tous les souvenirs de ma relation avec François se trouvaient dans une chambre. Lui, il est parti, il n'est plus là, et moi, je suis seule dans cette chambre et j'observe le décor. Brusquement, je me mets debout et je commence à ranger la chambre et à mettre les choses à leur place. Ça me fait mal de rester dans cette chambre, je préfère m'en aller mais ça me fait mal aussi de partir. C'est comme si je commettais une trahison. Même moi, je ne peux pas croire que je ne vais plus y être, que je ne vais pas toujours être là, que je ne vais pas l'aimer toujours. Qu'est-ce que je peux faire d'autre sinon l'aimer toujours ? Et cependant, que puis-je faire d'autre que partir ?

Laure finalement a pu entrer dans la chambre du deuil et en sortir. La chambre du deuil est le dernier arrêt avant de dire au revoir à cet être qui est parti. « Tous les souvenirs », les bons et les mauvais, s'y trouvent et il est nécessaire d'y mettre de l'ordre, de

« mettre les choses à leur place ». Tout n'a pas été merveilleux, tout n'a pas été horrible non plus. Tout cela fait partie de la vie ; il doit y avoir des choses dont il sera préférable de se défaire et d'autres qui vaudront la peine d'être conservées.

Être dans cette chambre n'est pas facile. Comme nous l'avons vu, il y a des femmes qui résistent avec force à y entrer. Elles se promènent devant la porte comme si de rien n'était, elles font des kilomètres en sens contraire bien que leur course soit douloureuse et inutile. Elles préfèrent tout autre type de tortures au lieu de s'aventurer dans la douleur aride du deuil. Elles sont disposées à payer des prix très élevés, parfois même la vie, pour ne pas rentrer dans cette chambre du deuil et dire au revoir à ce qui n'a pas pu être. Ces personnes ont besoin d'une aide professionnelle.

D'autres vont oser y entrer ou vont être jetées à l'intérieur. Elles vont avoir le courage d'y entrer mais pas celui d'en sortir. Elles s'attachent alors à chaque objet, aux souvenirs qui habitent cette chambre et elles croient que leur seule présence pourra les ressusciter et faire que tout redevienne comme avant. Ce sont celles qui pensent qu'abandonner la chambre, c'est « commettre une trahison », que partir, c'est être responsable que tout soit fini. Le diagnostic du deuil pathologique s'applique aux personnes qui ne sont pas capables de sortir de la chambre en un laps de temps raisonnable. Elles aussi, elles vont avoir besoin d'une aide professionnelle et de l'appui d'amis et de la famille.

Heureusement, beaucoup vivent ce qu'a vécu Laure. Elles osent entrer dans la chambre, elles y restent, elles pleurent, souffrent, reprochent, regrettent, reconnaissent leurs erreurs, se souviennent, mettent de l'ordre et sortent de la chambre la tête basse, mais elles ont appris de leur expérience ce qui pourra leur servir dans l'avenir.

À un moment donné, il faut sortir de cette chambre. Je ne dirais pas qu'il faille en sortir en claquant la porte, parce que cette chambre et ce qu'il y a dedans font aussi partie de ce que nous sommes. Nous sommes ce que nous avons vécu, ce dont nous jouissons, ce dont nous souffrons et ça mérite notre respect. Mais, en tout cas, une fois à l'extérieur, il faut s'assurer que la porte soit bien fermée.

La chambre du deuil n'accueille pas seulement celles qui souffrent pour un amour perdu mais pour toute perte significative : un être aimé, le pays d'origine, une amitié importante…

Les souvenirs

La mémoire n'est pas une compagne impartiale en temps de deuil. Elle nous rappelle constamment ce qui s'est passé, ce qui aurait pu se passer et n'est pas arrivé, ce que nous avons eu et que nous avons perdu. Elle nous rappelle beaucoup plus facilement ce que nous avons perdu que ce dont nous nous sommes libérés. Comme lors de tous les adieux, pendant le premier mois d'absence, la vie devient un souvenir permanent. Tout ce qui arrive autour est comme un énorme ruban enroulé autour de l'index qui nous oblige à revivre des situations passées. Un passé qui est encore trop cru pour l'appeler « souvenir ». Même la vie quotidienne semble préparer à « mettre le doigt dans la plaie » et faire mal. Peu importe s'il s'agit d'un week-end, d'un lundi ou d'un mercredi ou des jours de pluie ou des après-midi ensoleillés. La vie entière semble recouverte de Post-It qui nous obligent à nous rappeler comment ça s'est passé et comment ça se passerait si la relation n'était pas terminée. « Dans ce café..., dans ce restaurant..., chez lui..., chez moi..., sur le sofa..., dans notre chambre... » Celle qui traverse une époque de deuil connaît par cœur les pas, les routines, les gestes, les goûts de l'être perdu. Elle conserve encore de lui une connaissance encyclopédique qui lui est complètement inutile puisqu'il n'est plus là. À quoi cela sert à une femme de savoir précisément que le journal du dimanche est sacré pour son dieu, qu'il préfère l'omelette pas trop cuite ou qu'il prend toujours le café sans sucre ?

Quand une relation se termine, la vie quotidienne nous devient étrangère. La routine est creuse car toutes les occupations réalisées à deux sont maintenant « mutilées », incomplètes, et il faut s'inventer une nouvelle vie. Pendant quelque temps, celle qui marchait avec deux jambes n'en dispose plus que d'une et d'un bâton ; les souvenirs sont ce bâton. Alors que l'on arrive à régénérer la jambe et recommencer à marcher les pieds bien sur terre, on utilise les souvenirs pour remplir ce vide qui n'est pas seulement psychologique mais aussi concret. Les souvenirs sont une compagnie aigre-douce pour ces moments de deuil et de solitude.

Face aux souvenirs, on ne sait pas toujours quelle attitude prendre. Est-il préférable de les utiliser ? De s'en délecter ? D'en abuser pour les user à force d'en faire usage ? Ou bien serait-il préférable de les ignorer et d'attendre que le temps les déteigne et leur fasse perdre leur goût, leur odeur, par manque d'usage ? Bref, la question serait : les souvenirs retardent le deuil ou le facilitent ? Se souvenir, c'est vivre ou c'est mourir ?

Se souvenir est inévitable et oublier, être capable d'oublier à la fin de ce tunnel, est une bénédiction. On ne peut pas jouer avec la mémoire, c'est plutôt elle qui joue avec nous et nous cache des choses ou nous impose ses souvenirs quand, comment et où bon lui semble. La mémoire est une traîtresse et elle profite de nos négligences pour s'installer dans les détails les plus insignifiants, en plein jour à l'arrêt d'un feu rouge ou bien au beau milieu d'une conversation insignifiante. Je pense que se disputer avec la mémoire est une guerre inutile, perdue d'avance. Il vaut mieux se laisser aller et utiliser les souvenirs pour oublier.

Tunnel ou puits ?

Le deuil est une douleur par laquelle il faut passer. C'est une maladie et le malade a besoin de repos et d'une période de convalescence. Le deuil pour un amour est un tunnel qu'il faut tôt ou tard traverser. Pendant le trajet, il ressemble à un puits sans fond et, tout en tombant, on a la sensation que pour reprendre son souffle, il n'y a pas d'autre chemin que de perforer la terre avec les dents, de manger la terre pour enfin ressortir la tête aux antipodes.

Qu'elle soit réelle ou imaginaire, l'impression de tomber et de se précipiter dans l'abîme reproduit une expérience infantile très primitive. Perdre le sein de la mère, abandonner la contention de l'intérieur, naître, signifie se voir exposé à l'immensité de l'espace ouvert et produit une sensation très semblable à celle que nous devrons supporter longtemps après, quand une relation d'amour touche à sa fin, quand un être aimé manque et que nous nous voyons sans défense et que nous sommes obligés de commencer une nouvelle vie sans ce soutien.

Dans le puits sombre du deuil habite le désespoir. Tant qu'il est là, on n'a envie de rien. Le problème est que certaines femmes n'ont même plus envie d'en sortir. Dans les moments difficiles, on a l'impression que la vie est restée en arrière, qu'on a déjà vécu toutes les bonnes choses et que seuls nous attendent la nostalgie, le vide et la peine. Pourquoi continuer alors, si c'est ça le futur ? Même l'hygiène et les soins personnels n'ont plus de sens. Pour quoi faire ? S'il n'y a plus de vie.

Quelques-unes des femmes que j'ai eu l'occasion d'accompagner pendant ces terribles situations ont dit :

> Ça fait trois mois que je ne m'épile pas, pour quoi faire ? Pour qui ? Quand je me douche, mon corps me semble inutile. À quoi me sert ce corps qu'il ne va plus toucher ? Peu m'importe si je grossis, de toute façon, pour quoi, pour qui ?
>
> Qu'est-ce que je vais faire toute seule ? Et si je ne tombe plus amoureuse ? J'ai peur. Je me regarde dans le miroir et je ne me plais pas. Je veux avoir envie de ressortir dans la rue la tête haute. Mais aujourd'hui ça me semble impossible de sortir et je n'en ai même pas envie.

Tant que l'on passe par la chambre du deuil, même les gestes les plus quotidiens n'ont plus de sens, plus rien n'a de raison d'être. Mais on s'en sort. Un jour, le puits prend une position horizontale et redevient tunnel. Le vide n'est plus vide et il se transforme à nouveau en terre ferme et au fond, encore au fond, mais à portée de la main, il y a l'air, la vie et la lumière.

Le pire est passé. Retrouver la sensation que « le futur existe », que le meilleur de la vie reste à vivre, est un signe incontestable de récupération.

Récupération

> Vous trouverez cela bizarre mais je suis contente d'être passée par là. En fait, venir ici m'a non seulement servi pour surmonter mon histoire avec André, mais en plus, aujourd'hui, je me valorise mieux, je prends davantage soin de moi-même, je me connais mieux. Je suis différente ou en tout cas maintenant je sais comment je suis.

Les pires crises que l'on traverse dans la vie permettent de grandir. J'ai une amie qui dit avec insistance qu'elle ne veut plus « continuer à grandir », elle dit qu'elle est déjà trop grande pour « apprendre davantage de choses de la vie » et elle se demande toujours pourquoi la vie ne donnerait pas de cours par correspondance, pour apprendre sur soi-même mais sans souffrir autant. Mon amie a raison, c'est accablant que le fait de grandir soit pratiquement toujours associé à la souffrance mais il semble que nous n'ayons pas le choix.

Il est vrai qu'une certaine expérience de souffrance est inévitable dans le processus d'apprentissage, et il ne s'agit pas là de justifier des comportements violents ou de mauvais traitements qui provoquent la souffrance sous une forme pédagogique. Il y a des embûches qui n'ont rien à enseigner. Passer par une situation de mauvais traitements ne sert ni n'aide personne sur aucun point. Ça ne sert pas à mûrir ni à apprendre mais plutôt à compliquer ou rendre plus difficile tout processus de maturation ou d'apprentissage, qu'il soit naturel ou à l'aide d'une thérapie. Ma patiente, qui était heureuse d'avoir suivi un traitement, n'était pas heureuse d'avoir vécu la situation de mépris qu'elle avait vécue auprès de son compagnon, mais, au contraire, d'avoir pu en sortir, de mieux se connaître et d'être maîtresse d'elle-même.

En tout cas, après un certain temps, peut-être longtemps, on peut découvrir avec soulagement que c'est une chance d'avoir pu se détacher d'une relation qui nous faisait surtout souffrir. Le deuil laisse la place au soulagement, le soulagement laisse la place à une espèce de nostalgie sereine face au passé et celle-ci à une vie pleine de projets futurs.

Un des effets les plus néfastes de ces relations destructrices consiste à ce que la femme impliquée semble ne pas avoir d'autre vie, ni d'autre sujet de conversation, ni d'autres centres d'intérêts que ce que son propre dieu a dit, lui a fait ou ne lui a pas fait. Redevenir capable de regarder dans différentes directions est aussi un signe d'amélioration et témoigne de l'approche d'une ouverture à la réclusion que cette relation supposait.

Une de mes patientes l'exprime ainsi au début de son « retour à la vie ».

> Je m'amuse de plus en plus avec mes amies. Je me rends compte que je ne les appelle plus seulement pour pleurer mes peines mais aussi pour bavarder. J'ai beaucoup de chance parce qu'elles sont amusantes et je rigole beaucoup avec elles. C'est vrai, elles sont géniales.

Dans le même style, une autre disait :

> Maintenant je peux écouter ce que mes amies me racontent et ça m'aide aussi à prendre mes distances. Je ne suis pas la seule à qui il arrive des histoires. Elles ne sont plus une échappatoire, elles sont redevenues mes amies.

Les amies, de nouveau, sont une pièce fondamentale dans le processus de récupération et elles servent de nouveau de thermomètre pour mesurer le processus. Quand une femme peut arrêter de regarder son propre nombril inondé de pleurs et être capable de voir la larme qui coule sur la joue de son amie, nous pouvons être sûres que la reconstruction personnelle est sur le bon chemin.

Peur du suivant

À partir de là, la femme peut commencer à concevoir la possibilité d'une nouvelle relation, un autre cycle va se fermer. Dans la mesure où elle aura compris le rôle que l'échec de sa relation antérieure a représenté, il est fort possible qu'elle ne permette plus que le cycle et la souffrance se répètent et qu'elle se donne à elle-même l'opportunité d'une relation plus agréable. Par contre, si elle a traversé aveuglément le calvaire d'une relation destructrice, il est fort probable qu'elle retrouve au coin de la rue un autre « chat » très semblable à l'antérieur et que la mauvaise expérience se répète. Ceux qui ont cherché une aide pour surmonter les ravages d'une relation désastreuse se demandent fréquemment auxquels des deux groupes elles appartiennent. Est-ce que je répéterai la même histoire ou est-ce que je serai capable d'établir une relation différente ?

Elles en parlent ainsi :

> Je vois les choses d'une autre manière, je me rends compte que j'ai beaucoup changé. Aujourd'hui, ce serait une folie de recommencer une relation comme celle-là. Je crois que je suis

guérie de François et de tous les Ivan qui s'approcheront de moi.

« Voir les choses d'une autre manière », c'est se positionner d'une manière différente, abandonner le lieu de mère-esclave qu'elle avait occupée jusqu'ici et miser sur un autre type de relation. Guérir les blessures que laisse un amour un peu fou est indispensable pour imaginer une nouvelle aventure amoureuse, mais guérir d'un François ne suffit pas, il faut aussi être vacciné contre tout autre François qui pourrait se présenter sur son chemin. La véritable « guérison » ne touche pas seulement le passé mais elle doit se démontrer dans le futur.

> Je sais qu'avec Juan ça n'a pas fonctionné. Est-ce que ça fonctionnera avec quelqu'un ? J'aimerais connaître quelqu'un, me marier, former une famille, mais j'ai peur de revivre la même chose…

C'est un doute inévitable avec lequel vivent beaucoup de femmes après s'être remises d'une relation désastreuse. Il y a une blessure qui réagit douloureusement encore au moindre frôlement. La méfiance prend les commandes et la femme n'ose pas croire en un autre homme ni en elle-même. Moi, en tant que thérapeute, je sais que tous les hommes ne sont pas tous pareils et qu'elle, elle n'est pas non plus la même que celle qui a commencé le traitement il y a quelques années. Elle aussi, elle le sait, pourtant « la peur » ne se dissipe pas facilement. Son désir de former un couple et une famille devra lutter contre ce doute et le vaincre.

> Vu d'ici, il me semble évident que ça ne peut plus m'arriver, le problème c'est que face à la

situation, on ne voit pas grand-chose. Qui allait me dire qu'avec le caractère que j'ai toujours eu, j'allais me soumettre à un homme de cette manière ?

En effet, quand on voit les taureaux derrière la barrière, il est facile d'assurer : « Moi, il ne m'arrivera rien de semblable ! », « Moi, je ne suis pas comme ça », « Moi, je saurai me faire respecter » ou « Moi, je ne me laisserai pas tromper de cette manière ». Cependant, c'est très différent quand on est profondément amoureuse et impliquée dans une relation passionnée et destructrice qui promet un bonheur qui n'arrivera jamais. Personne n'oserait parier la tête froide sur une relation comme celles que nous avons décrites dans ces pages. Personne ayant toute sa tête ne choisirait consciemment quelque chose comme ça. Tout change quand la passion s'impose, le jugement de réalité se voile et tout devient flou. On commet tout type de « péchés » à tort et à travers et sans le savoir. On investit aveuglément dans une relation qui n'apporte que souffrance et ce n'est pas facile de retrouver le chemin du retour. Quand on veut s'en rendre compte, il est trop tard pour faire marche arrière, on est engagée et prisonnière. Qui aurait dit – à chacune d'entre elles – qu'elle serait amoureuse d'un homme qui l'aimerait si mal ; qui aurait dit à cette femme si sûre d'elle-même qu'elle allait faire entièrement confiance à un menteur compulsif ; qui lui aurait dit qu'on pouvait la tromper affectivement de cette manière et si longtemps, elle, si sage et si autonome. Personne ne se met dans de telles situations délibérément et le seul fait de se rendre compte qu'effectivement on s'y est mis est un pas de géant. Tout d'abord, il faut s'en rendre compte ; en sortir, c'est une autre histoire.

> Je ne suis plus la même, maintenant je me sens faible, pas sûre de moi. Et je ne parle pas de tout ce que j'ai souffert… mais comme femme je ne pense plus possible qu'un homme tombe amoureux de moi. Je suppose qu'avec le temps…

Celle qui s'aimait mal elle-même, qui s'aimait excessivement, celle qui se croyait capable de prouesses, aujourd'hui sort du conflit vaincue. Un homme pourra-t-il tomber amoureux d'une femme fragile et sans « cape », d'une femme « normale » et non pas de la « superfemme » qu'elle avait été jusqu'ici ? Un homme acceptera-t-il l'engagement d'égal à égal ? Pourra-t-elle s'engager d'égal à égal ou aura-t-elle besoin de porter le joug de l'esclave ?

> Je me sens différente, comme si j'étais de nouveau disposée à recevoir un homme chez moi, dans ma vie. Plus comme un paillasson (« écrase-moi, ça ne fait pas mal »), mais comme une femme. Est-ce que c'est peu d'être disposée à le recevoir ? Est-ce beaucoup demander d'attendre qu'il vienne ?

On ne peut pas passer en un jour de l'état de « paillasson » à celui de « femme » mais, croyez-moi, le trajet en vaut la peine ! Être disposée à recevoir un homme après un échec sentimental est un grand pas surtout si on l'attend différemment. Eh oui, il viendra, il faut avoir confiance.

Tous ces mots, je les ai écoutés dans mon cabinet. Ce sont les phrases de ces femmes qui ont rempli de leurs histoires ce livre. Elles s'en sont toutes bien sorties. La majorité d'entre elles ont un autre compagnon et – pour le moment – les pires erreurs n'ont pas été commises de nouveau. Elles sont toutes satisfaites d'avoir demandé de l'aide et l'aide ne s'est pas limitée au problème du couple. Certaines ont eu besoin de plus de temps que d'autres mais elles ont toutes trouvé le chemin de retour à elles-mêmes, à leur indépendance intérieure et à une vie beaucoup plus digne et beaucoup plus agréable.

Épilogue

Quand j'ai accepté d'écrire ce livre, je n'imaginais pas les difficultés qui m'attendaient. Je me suis posé de nombreuses fois la question de savoir comment une psychanalyste comme moi pouvait rédiger ce genre de livre. Les livres de développement personnel donnent des conseils, les psychanalystes, non ; les livres de développement personnel s'occupent du présent et du futur du lecteur, la psychanalyse s'immisce nécessairement dans le passé. Le livre de développement personnel n'a pas besoin de savoir quoi que ce soit de sa lectrice, le psychanalyste dépend des mots du patient pour pouvoir l'aider. Dans les livres de développement personnel, on appelle un chat un chat sans hésiter ; en psychanalyse, par contre, un patient a besoin de beaucoup de mois de divan pour écouter et comprendre les « chats » qui le concernent. Il semblait donc que les deux tâches étaient incompatibles.

La première tâche que j'ai dû affronter a été de différencier patient de lecteur. L'intimité du cabinet du psychanalyste, l'étroite relation qui s'établit entre le patient et le thérapeute, permet de dire des choses très dures au patient mais elle permet aussi à celui-ci de les accepter sans trop souffrir, de les comprendre, de les digérer et de les utiliser en sa faveur, car ce sont ses propres mots, même si souvent il ne s'en rend pas compte tant qu'on ne les lui a pas soulignés. Un lecteur mérite le même soin et le même respect qu'un patient mais son anonymat rend difficile de mesurer jusqu'où il est capable d'écouter ou jusqu'où il est disposé à apprendre à quel point il a participé à sa souffrance et quelles sont ses possibilités d'autonomie. Un patient qui tombe sur quelque chose de douloureux dans une séance sait qu'il aura très bientôt une autre séance pour en parler, pour le décortiquer et mieux le digérer. Un lecteur n'a pas toujours la contention tranquillisante de ce filet qui le protège. Ce fut un défi de trouver le juste milieu.

J'ai essayé de rester proche à tout moment du lecteur, de le ménager, de lui faire savoir que je suis de son côté, sans pour autant abandonner mes connaissances psychanalytiques ni badiner avec mes convictions.

Ça n'a pas été facile mais j'espère avoir réussi à conjuguer les deux choses. En tout cas, j'espère que ce livre vous aura tenu compagnie. Probablement plus d'une fois, vous aurez reconnu des situations que vous vivez dans vos relations de couple. Peut-être que dans certaines pages vous aurez été surpris parce que cela touche des aspects de votre vie émotionnelle qui vous sont inconnus, qui vous gâchent l'existence mais que vous vivez comme étrangers à vous-même.

L'amour est merveilleux, il n'y a pas de doute et je considérerais comme un véritable échec que vous gardiez l'idée que vous devez vous protéger de l'amour. Mais parfois ses éclats ne laissent pas voir la réalité. Sans savoir ni comment ni pourquoi, un jour vous vous rendez compte que vous êtes prisonnières d'une relation désastreuse et que ce dieu pour qui vous avez fait tant de sacrifices vous aime mal.

Ce livre a essayé de vous montrer l'importance de bien aimer, de découvrir « de quel pied vous boitez » pour que vous puissiez vous occuper de vous-même. Reconnaître vos limites. Enlever la cape de « superfemme », la plier avec soin, la remercier pour ce qu'elle a fait pour vous à un moment donné et la cacher dans un coin de l'armoire ! Croyez-moi, c'est plus rentable que de vivre sur un piédestal. Ne confondez pas la peau d'un bébé avec celle d'un homme mal rasé. Rien ne va arriver à cet homme si vous ne l'appelez pas. Ne vous contentez pas de peu si vous attendez plus. Ne vous résignez pas, il y a toujours une alternative bien que cela puisse parfois vous paraître impensable.

Utilisez vos amies sans hésiter, elles sont un soutien inestimable. Accrochez-vous à tout ce que vous avez sous la main pour vous sauver et vous guérir d'un partenaire qui ne sait pas vous aimer. Mais si vous êtes passée par plusieurs relations de cette nature, si vous vous laissez mal aimer non seulement par les hommes de votre vie mais aussi par vos amies, vos enfants ou vos collègues, cherchez une aide professionnelle.

Si dans toutes vos relations vous avez l'impression que vous donnez plus que ce que vous recevez, si vous souffrez plus que vous ne jouissez, si vous êtes angoissée ou anxieuse, si vos peines d'amour freinent votre travail ou interrompent votre vie sociale, cherchez de l'aide.

Cherchez une aide professionnelle parce que vous avez sûrement fait jusqu'ici ce que vous pouviez et ça n'a pas été suffisant. Affronter seule cette impossibilité est une tâche cruelle. Nous utilisons fréquemment tous types d'excuses pour ne pas apprendre les mauvaises nouvelles et c'est la personne affectée la dernière à reconnaître qu'elle s'est trompée. Cherchez quelqu'un pour vous aider à découvrir les « secrets » de cette histoire infantile pour qu'elle cesse de gouverner votre vie dans votre dos.

Il y a ceux qui pensent que demander de l'aide est un signe de faiblesse. Je ne suis pas d'accord. Il faut du courage, beaucoup de courage, pour se regarder dans la glace grossissante qu'offre l'analyse. Mais il ne faut pas avoir peur ; dans cette glace, non seulement on découvre les « lignes d'expressions » et les « pattes d'oie », mais on découvre aussi ce splendide sourire qui était resté caché et ce visage dégagé, aimable, qui tire le meilleur parti de vos vertus et cohabite le mieux possible avec vos imperfections.

Cherchez de l'aide parce que ce n'est pas vrai que le temps guérit tout. Et il y a sûrement un nœud mal serré, très mal serré, que le temps tout seul ne pourra pas défaire… De plus, le temps continuera à passer et, un beau jour, vous découvrirez qu'il est parti sans vous prévenir. Pensez que dès la première page de cette carte que nous avons tracé, le nord, c'est vous. Le plus important, c'est qu'à la fin de ce processus vous puissiez vous récupérer vous-même et compter sur vous et sur vos capacités, que vous repreniez les rênes de votre vie, que vous la dirigiez le mieux possible et que vous récupériez votre précieuse autonomie. En avant !

BIBLIOGRAPHIE

ALLEN Woody, « Madame Bovary, c'est l'autre », in *Destins tordus*, Paris, Robert Laffont, 1981.

ANDRÉ Serge, *Que veut une femme ?*, Paris, Seuil, coll. « Points », 1995.

ASSOUN Paul-Laurent, *Le Couple inconscient. Amour freudien et passion postcourtoise*, Paris, Economica, 1992.

ASSOUN Paul-Laurent, *Freud et la femme*, Paris, Payot, coll. « Petite Bibliothèque Payot », 2003.

ASSOUN Paul-Laurent, *Leçons psychanalytiques sur le masochisme*, 2e éd., Paris, Anthropos, 2008.

BEAUVOIR Simone de, *Le Deuxième Sexe*, Paris, Gallimard, 1949.

BETTELHEIM Bruno, *Psychanalyse des contes de fées*, Paris, Robert Laffont, 1976.

BULAT Sergio, *¡ Más de lo mismo !*, Barcelona, Caoba Ensayo, 2005.

ELIADE Mircea, *Le Sacré et le Profane*, Paris, Gallimard, 1965.

FREUD Sigmund, « À propos d'un type particulier de choix d'objet chez l'homme » (1910), *in* S. Freud, *Psychologie de la vie amoureuse*, Paris, Payot, coll. « Petite Bibliothèque Payot », 2010.

FREUD Sigmund, « Du rabaissements le plus commun de la vie amoureuse » (1912), *in* S. Freud, *Psy-*

chologie de la vie amoureuse, Paris, Payot, coll. « Petite Bibliothèque Payot », 2010.

FREUD Sigmund, *Psychologie des foules et analyse du moi* (1921), Paris, Payot, coll. « Petite Bibliothèque Payot », 2012.

FREUD Sigmund, « Le problème économique du masochisme » (1924), *in* S. Freud, *Du masochisme*, Paris, Payot, coll. « Petite Bibliothèque Payot », 2011.

FREUD Sigmund, *Malaise dans la civilisation* (1930), Paris, Payot, coll. « Petite Bibliothèque Payot », 2010.

FROMM Erich, *L'Art d'aimer*, Paris, Desclée de Brouwer, 35e éd. 2007.

GALIMBERTI Umberto, *Qu'est-ce que l'amour ?*, Paris, Payot, coll. « Petite Bibliothèque Payot », 2011.

GIROUD rançoise, LÉVY Bernard-Henry, *Les Hommes et les Femmes*, Paris, Olivier Orban, 1993.

GRAVES Robert, PATAI Raphael, *Les Mythes hébreux*, Paris, Fayard, 1987.

GRIMM Jacob et Wilhelm, *Contes*, Paris, Gallimard, coll. « Folio », 1976.

HEGEL Georg Wilhelm Friedrich, *Phénoménologie de l'esprit*, Paris, Gallimard, coll. « Folio », 2002.

KAPLAN Louise, *Female Perversions*, New York, Doubleday, 1991.

KÖHLMEIER Michael, *Breviario de mitología clásica*, Barcelona, Círculo de lectores, 2006.

LACHAUD Denise, *Jalousies*, Paris, Denoël, 1998.

MICHELENA Mariela, *Un año para toda la vida*, Madrid, Temas de Hoy, 2001.

MICHELENA Mariela, *Honra de sierva*, Mexico, Universidad Veracruzana, 2003.

MICHELENA Mariela, *Saber y no saber. Curiosidad sexual infantil*, Madrid, Síntesis, 2006.

MILMANIENE José E., *Extrañas parejas. Psicopato-*

logía de la vida erótica, Buenos Aires, Paidós, 1998.

NASIO J.-D., *Un psychanalyste sur le divan*, Paris, Payot, coll. « Petite Bibliothèque Payot », 2009.

NIETZSCHE Friedrich, *Le Gai Savoir*, Paris, Gallimard, coll. « Folio », 1989.

PERSON Ethel S., *Dreams of Love and Fateful Encounters*, New York, Penguin Books, Nueva York, 1989.

WECHSLER Elina, *Psicoanálisis en la tragedia. De las tragedias neuróticas al drama universal*, Madrid, Biblioteca Nueva APM, 2001.

YOURCENAR Marguerite, *Feux*, Paris, Grasset, 1936.

REMERCIEMENTS

À mes patients, à tous, source constante de motivation et de connaissance.

À Elina, à Corina et à Loreto, lectrices généreuses.

À mes fournisseurs bibliographiques : Corina, Elina, José Jaime et Patricia.

Et bien sûr à Fernando qui tient le stylo rouge avec la précision d'un bistouri pour fouiller et extraire le meilleur de mes textes. Je ne remercierai jamais assez de la chance que j'ai de pouvoir compter sur son point de vue.

TABLE

Achevé d'imprimer en février 2012
sur les presses de Normandie Roto Impression s.a.s.
à Lonrai (Orne)
pour le compte des Éditions Payot & Rivages
106, bd Saint-Germain - 75006 Paris
N° d'imprimeur : 12-0408
Dépôt légal : octobre 2011

Imprimé en France